# RADITIONS ANCIENNES

(ANGLETERRE, etc., RUSSIE ET FRANCE).



PAR H. D

Auteur de LONGÉVITÉ

TOME PREMIER

ANGLETERRE, SUÈDE, DANEMARCK, ETC.

PARIS
D. GUÉRIN, ÉDITEUR
37, Rue de Rome

1894

# TRADITIONS ANCIENNES

# TRADITIONS ANCIENNES

(ANGLETERRE, etc., RUSSIE ET FRANCE).

PAR H. D.

Auteur de LONGÉVITÉ

TOME PREMIER

ANGLETERRE. SUÈDE, DANEMARCK. ETC.

PARIS
D. GUÉRIN, ÉDITEUR
37, Rue de Rome

1894

# TABLE

## DU TOME PREMIER

# INTRODUCTION

# INTRODUCTION

Pour chaque nation, son authentique histoire
Naît très longtemps après les révélations,
A la postérité transmises de mémoire,
De générations, en générations,
Constatant des détails, de lointaine origine,
Souvenirs que souvent un grand fait détermine.
Dans ces traditions des siècles d'autrefois,
Qu'on trouve rarement, on rencontre parfois
Quelques récits, peut-être, agréables à lire :
Je désire essayer ici d'en reproduire
Plusieurs, si je le puis, et des temps très anciens,
Connus mentionnés par peu d'historiens.
Ce peu ne prouve pas, des faits, l'invraisemblance :
Il en est quelques-uns, qui méritent créance.
Pourtant si l'on croyait qu'il en fût autrement,
Ma muse ne saurait blâmer ce jugement.

# L'ANGLETERRE

# TRADITIONS ANCIENNES

## L'ANGLETERRE

Un projet gigantesque et certes des plus sages,
Auquel Anglais, Français donneront leurs suffrages;
Semble devoir bientôt rétablir sûrement
L'union d'autrefois, qui très évidemment,
Par suite d'un effet. de cause peu connue,
Un grand affaissement des bas-fonds de la mer,
S'est trouvée, aujourd'hui, pour nous interrompue,
Au détroit de Calais; fait reconnu très clair.

L'humanité verra, de tous points de la terre,
Un jour, enfin, revivre, une union si chère,
Entre peuples voisins, que le Ciel avait faits
Pour la réunion, avec tous ses bienfaits.
Ne sommes-nous pas tous, d'une même famille,
De celle de Japhet, descendance gentille !

*Quinze cents ans avant l'ère chrétienne.*

---

Les Phéniciens sont par leur célébrité,
Les grands navigateurs d'extrême antiquité.

Vers le quinzième siècle, avant l'ère chrétienne,
Ils furent les premiers, (la chose est très certaine),
Qui firent du commerce avec les habitants
Des côtes d'Angleterre. — En gens intelligents,
Ils trouvaient de l'étain et d'autre marchandise,
Qu'ils savaient échanger, emporter à leur guise.
Ce commerce leur plut. Il parut important
Et pour eux fructueux, à tel point qu'à l'instant,
Pour le bien soutenir, le mettre à l'abri même,
En toute sûreté, des forts et des châteaux
Furent tracés, construits, avec vigueur extrême,
Surtout en Cornouaille, en ses points principaux.

Tous les Phéniciens étaient si jaloux, même,
Qu'ils cachaient cette route aux autres nations.

Un vaisseau des Romains, d'après instructions,
Ayant suivi l'un d'eux pour découvrir sa marche,
Le Phénicien, sage, en son pays revint,
Plutôt que de donner, par nouvelle démarche,
Connaissance, à grand tort, du secret qu'il retint.
On prétend même encor que ce même pilote
Fit lui même échouer sa très modeste flotte,
Sur un écueil, où vint se jeter le Romain.
Ce Phénicien fut un glorieux marin.

---

*450 ans avant J.-C.*

---

Quatre cent cinquante ans, avant l'ère chrétienne,
(C'est la date historique et la plus ancienne),
Les Sorlingues étaient, par les Phéniciens,
Découvertes encore ; et grâce aux grands moyens
Des flottes d'Amilcar, que fournissait Carthage,
Amilcar découvrit l'Angleterre en entier,
Vers quatre cent quarante ; (à peu près au même âge),
Cette expédition peut bien certifier
Que la Bretagne était, d'habitants, bien pourvue,
Tous Celtes et Gaulois d'origine connue,
Par leur langue, leurs mœurs et leurs traditions,
L'absence d'écriture et de traditions.
Ces Celtes et Gaulois, venus sans aucuns doutes,
Du continent voisin, par différentes routes
Et sans difficulté, pouvant passer la mer,
Etaient des descendants de Japhet, par Gomer,

Lesquels, en Orient, s'accroissant à l'extrême,
Avaient été forcés de suivre le système
De s'en aller au loin, bien loin en Occident.
Emmenés par Acmon, leur premier commandant,
Ils vinrent en Europe, en forte Colonie,
S'établir aux confins de Gaule et Germanie.
Puis des côtes de Gaule, apercevant, enfin,
L'île de l'Angleterre, un pays tout voisin,
Ils s'embarquèrent tous dans des barques légères,
(Découvertes, dit-on,) inventions premières,
Et, de l'Ile aussitôt, prirent possession.
Satisfaits de leur sort, aimant l'inaction,
Ces Pasteurs indolents, ne faisaient nul commerce,
N'avaient aucun des arts auxquels l'homme s'exerce,
Pas même encor celui de toute Nation,
La culture du sol. Mais leur religion,
Qu'ils se piquaient de voir, sans changement possible,
Leur donnait une vie indolente et paisible.
Ils n'avaient point, non plus, communication
Avec les habitants des côtes d'Angleterre ;
Ils gardaient leurs troupeaux au milieu de leur terre,
Vers le centre de l'Ile, et n'avaient nuls rapports,
De coutumes, de mœurs, avec les gens des ports,
Etablis à la côte et faisant du commerce,

Office que jamais aucun Pasteur n'exerce.

Semblables aux Gaulois, ces peuples habitaient
Des cabanes en bois, que, de chaume ils couvraient.
Ils étaient partagés en trois classes, formées :
Des Druides d'abord ; puis de Chefs des armées,
Chevaliers, Commandants ; enfin des Plébeyens,
Qui vivaient du travail et de leurs seuls moyens.

Les Druides, donnant la loi par eux admise,
Tenaient toute personne, à leur ordre, soumise,
Un Druide, leur chef, les présidait toujours,
Dans leurs réunions et jeux, de certains jours.
Son action était imposante, sans cesse.
A sa mort, succédait celui que la sagesse,
Les vertus, les talents désignaient pour avoir,
Après ce Chef défunt, le souverain pouvoir.

Des Druides, j'ai dit, dans l'histoire de France,
Tout ce qu'on peut en dire. Ayez de l'indulgence,

Et veuillez pardonner de ne redire ici,
Ce que vous trouverez dans ce livre (*) éclairci.

---

(*) Traditions anciennes. Tome second, France. Situation de la Gaule en 481 de notre ère ; page 28.

## *An 55 avant J.-C.*

En l'an cinquante-cinq, avant l'ère chrétienne,
César, ayant vaincu les Gaulois, les Germains,
Armé de grands pouvoirs, puissants entre ses mains,
Voulut se ménager, sur une immense scène,
Un triomphe qui pût élever au plus haut
Sa gloire, sa puissance, et s'éprit aussitôt,
D'un projet de descente en la Grande Bretagne.
Tout de suite, en effet, il se mit en campagne,
Quoique la saison fût contraire à son projet
Et ne pût amener qu'assez fâcheux effet.

Il s'avança, lui-même, avec forces puissantes,
(Qu'après mûr examen, il jugea suffisantes),
Quatre-vingt-dix vaisseaux, portant deux Légions,
De la cavalerie et des munitions,
Et jeta l'ancre à Deal*. — Une affreuse tempête,
A laquelle on ne put, de suite, tenir tête,
Mit le plus grand désordre au milieu des vaisseaux.

* Deal, près de Dunes et de Douvres.

Les galères portant cavaliers et chevaux,
S'éloignèrent d'abord, n'étant certes de taille,
Par si dangereux temps, d'entrer dans la bataille.
Sans la cavalerie, en ce premier moment,
On tenta toutefois un prompt débarquement.

La foule des Bretons, arrivant au rivage,
Commença le combat, un horrible carnage,
Qui fût pour les Romains, devenu très fatal,
Tant leur nombre restreint était faible, inégal,
Si César n'eût lancé barques, de soldats pleines,
Faisant force de rames, avec chances certaines,
De changer la fortune, en donnant pouvoirs pleins,
De charger, en bataille, avec armes en mains.
Le succès couronna cette habile manœuvre,
Dirigée avec soins, en mettant tout en œuvre.

Les Bretons consternés furent alors vaincus.
Otages furent pris ; traités furent conclus.

La tempête avait fait aux vaisseaux des dommages.
On venait d'éprouver, même, douze naufrages ;
Il fallait réparer, se procurer du blé.
Un autre que César pouvait être accablé,
Par les flots, par les vents et par les soins de vivre,
En pays courageux et de sa vengeance ivre.

César prit le parti, l'équinoxe approchant,
De retourner en Gaule, et droit, en bien marchant.
Cette expédition n'eut pas d'autre avantage,
Que de rendre, en ce temps, glorieux témoignage
De l'opinion haute et juste assurément,
De la valeur de l'Ile, en ce premier moment.

Rome, de son succès en la Grande Bretagne,
Remercia les dieux de si belle campagne.

---

## *En l'an 54 avant J.-C.*

En l'an cinquante-quatre, alors six cents vaisseaux,
Cette fois réunis, portant huit cents chevaux,
Partirent, bien armés, avec César en tête,
De ces vaillants Bretons, poursuivant la conquête.
Cette flotte, en entier, débarqua sans combats :
Les ennemis ayant évité les débats,
S'étaient réunis tous, prêts à livrer bataille,
Dans un lieu qui, couvert de bois et de broussailles,
Paraissait favorable à leurs efforts unis,
Pour y voir triompher leur valeureux pays.

César, de son côté, conduisant son armée,
Sans résistance aucune et toujours animée
Du désir de combattre un ennemi caché,
Contre lequel s'était, si longtemps, attaché
Sa haine, son courroux, son désir de conquête,
Finit par le trouver, prêt à lui tenir tête,
En bataille rangée. En ce tragique état,

Des deux parts, à la fois, on s'apprête au combat.

Les Bretons se tenaient devant une rivière,
Dont le passage était difficulté première,
Tant elle était gardée avantageusement,
Par chariots armés et très artistement,
Par la cavalerie, en leurs mains, très habile,
Et par des bois touffus, pour eux très sûr asile,
Dans lequel, repoussés, ils furent se loger,
Comme en la forteresse, en tous points formidable,
Dans laquelle on se peut croire être inattaquable,
Sans qu'en tel désarroi, l'on veuille bien songer
Qu'il est assez aisé d'en faire déloger.
C'est ce que fit César. Il eut toute prudence
Et laissa l'ennemi tranquille en sa croyance :
Lui-même patient, sut très bien résister,
Combattre tant de gens, assurer blé, fourrage,
Vaincre ses ennemis et faire un grand carnage,
Au milieu des Bretons ne pouvant persister

Et combattre, à nouveau, si grande et forte armée,
Dont était, au plus haut, la gloire et renommée.

César revint en Gaule, en laissant les Bretons,
Tranquilles possesseurs, sans tribut, ni rançons.

---

### *16 ans avant J.-C.*

---

Seize ans avant notre ère, après long armistice,
Dont Bretons et Romains ne s'entretenaient plus,
Caïus Caligula, par singulier caprice,
Afin de rétablir le Prince Adminius,
Réfugié dans Rome et chassé par son père*,
Résolut d'envahir cette grande Ile entière.

Hautain, vain, glorieux, gagné par ce plaignant,
Il fut persuadé qu'il pourrait, lui régnant,
Conquérir la Bretagne et sans aucune peine,
Sans de ce père, voir se prolonger la haine.
Caligula séduit, leva dans peu de temps,
Non une fois, mais deux cent mille combattants,
Pilla d'abord la Gaule et dirigea sa route,
Vers les bords de la mer, où sa colonne, toute,

---

* Adminius, Prince qui, ayant mal administré sa part d'héritage, à lui confiée d'avance, par son père, avait été déposé par ses propres sujets.

S'établit en bataille, et, les voyant rangés,
Il alla prendre l'air sur une des galères :
Puis, par lui tous les soins étant bien ménagés,
Il fit sonner la charge à ses cohortes fières
D'attendre un ennemi, qui ne se montra pas.
Caligula surpris, cachant son embarras,
Aux soldats commanda de chercher des coquilles,
Qu'on trouva sur la plage, en espèces gentilles,
Qu'à Rome, en même temps, vite on expédia,
Envoi, dont avec joie, il se glorifia.
Pour lui, de l'Océan, c'étaient là les dépouilles,
Qui n'avaient point coûté de pénibles patrouilles.

Voilà qui put servir au triomphe éclatant,
Qu'à son retour lui fit le Sénat, à l'instant.
Ridicule triomphe, incroyable bassesse,
A laquelle, partout, trop souvent on s'abaisse !

---

*An 42 après J.-C.*

---

Claude, alors engagé, par Breton fugitif,
Béric, qui l'entraîna, sut le piquer au vif,
Espérant des lauriers, des gloires admirables,
Résolut d'envoyer troupes considérables,
Sous le commandement d'un guerrier Sénateur,
Plautius, général, d'une extrême valeur,
Ayant surtout acquis science militaire.
Vite on lui donna tout ce qu'il crut nécessaire,
En hommes, en chevaux, toutes munitions,
Que son Art indiquait : puis ses instructions.

En marche il se mit donc pour cette immense affaire.
Mais lorsqu'il arriva sur le bord de la mer,
De suite il éprouva déboire très amer,
Les soldats refusant de s'embarquer pour l'Ile,
Dont la conquête était, à leurs yeux, difficile ;

C'était un autre monde, ils furent effrayés,
Gens ils n'étaient pourtant craignant d'être noyés !

Ce refus qui semblait, en tous points, si contraire
Au succès espéré de si brillante affaire,
Servit bien à la faire, à leur gré, réussir,
Parceque les Bretons, croyant qu'allaient partir,
S'éloigner ces soldats, troupe indisciplinée,
Passèrent dans la joie, une folle journée,
Cessèrent leurs travaux, tous leurs préparatifs,
Mouvements importants, jusque là très actifs.

Mais les Romains, bientôt, en masse, se soumirent,
S'embarquèrent pour l'Ile, et puis y descendirent.
Leur manœuvre se fit sans opposition,
Avantageuse ainsi fut leur réflexion.

Plautius débarqué, suivant toujours la route
Qu'avait prise César, bientôt mit en déroute,

Ces Bretons courageux, mais non découragés ;
Car, dès le lendemain, au combat engagés,
Intrépides lutteurs ils virent la Victoire
Un instant, à leurs yeux, brillante pour leur gloire :
Mais enfin elle fut arrachée aux Bretons,
Par le brave Geta, grand (1) par ses actions.
Plautius remporta quatre grandes victoires
Et successivement. — Jugeant qu'il était temps
D'informer l'Empereur, de ses succès et gloires,
(Afin qu'il eût l'honneur de faire, pour longtemps,
Lui-même, le traité, terminant cette guerre),
Lui fit connaître, en grand, le succès de l'affaire.

Aussitôt l'Empereur rejoint ses légions,
S'empresse de traiter en braves, les Bretons
Et de faire alliance avec cette Ile entière,
Qui venait, avant tout, de se montrer si fière.

(1) Le Sénat, au triomphe, à bon droit l'éleva,
Tant ce simple officier, au plus haut arriva.

Les vaincus très touchés, de toute sa bonté,
Que faisait ressortir sa générosité,
L'adorèrent bientôt, lui bâtirent des temples
Et le firent l'égal des dieux de leur pays.
Soldats Bretons, Romains, devenus tous amis,
Firent vite une paix, dont on a peu d'exemples.

Claude après tels succès, qui le comblaient de gloire,
Satisfait du récit, qu'en donnerait l'histoire,
Laissa Plautius seul assurer cette paix,
A Rome retourna, rentra dans son palais,
Y reçut les honneurs du nom de *Britannique*
Avec un grand triomphe, offrant preuve authentique
Du cas que Rome, alors, faisait de ce pays,
Maintenant à ses lois certainement soumis.

---

*51 après J.-C,*

---

Plautius devenu Gouverneur, en Bretagne,
Sut conquérir d'abord bon nombre d'habitants,
Se tenant aux aguets, en caverne, en montagne,
Au centre du pays, tous vaillants combattants.
Vespasien second, un autre Chef lui-même,
A la côte de Kent, eut un succès extrême.
Leur expédition réussit pleinement,
Maîtres ils purent être et glorieusement
Et de l'Ile de Kight et de plusieurs Provinces,*
Dont les Chefs méritaient, la plupart, d'être Princes,
Tant il fallut de force au chef Vespasien,
De grande habileté, pour amener à bien,
Cette expédition. — Il rentre alors à Rome,
Et de suite reçoit Triomphe et Consulat.

---

* Soutampton, Wilt et Sommercet et celles des Belges et Durotriges, deux des plus puissantes Nations de la Bretagne.

Plautius eut en tête un Prince que l'on nomme
Caractacus, le brave, héritier d'un Etat,
Doué d'un grand courage et surtout invincible,
Prudent et patient, toujours irréductible,
Habitant les marais, les défilés, les monts.
Cependant Plautius, par ses talents profonds,
Et son activité, soumit ce Chef lui-même.

Après tous ces exploits, poussés jusqu'à l'extrême,
A Rome il retourna, reçut l'ovation,
Et certes méritait plus d'admiration !

---

* Etat composé des Dobuni, des Ancalites et des Trinobantes ; aujourd'hui Glocester, Oxford, Midlesex et Essex.

Des contestations, multiples sans nuls doutes,
Suivirent les succès, comme aussi les déroutes.

L'illustre Plautius fut bientôt remplacé,
Par un Ostorius, Général exercé,
Très expérimenté, nommé pour la Bretagne,
Qui vite s'aperçut de ce qu'un Etat gagne
A retarder, deux ans, le choix d'un général,
Qui doit continuer, mettre en état normal,
Une première paix, encor mal assurée,
Une paix que Bretons tenaient pour abhorrée.

Il trouva la Province en la confusion.
Caractacus faisait nouvelle excursion,
Espérait que l'hiver lui serait favorable
Et, que le Général trouverait profitable
D'attendre le printemps, pour songer aux combats.
Ostorius de suite, excitant ses soldats,

Vint imposer partout défaite sur défaite,
Et par les Forts*, qu'il fit, la paix fut vite faite.
A Camulodunum**, il mit un camp Romain,
Groupe colonial, au même temps certain,

*52 après J.-C.*

Où Londres se fondait et qu'entre la Tamise,
Et les bords de la mer, la Province conquise
Etait réduite au nom : *Britannia prima*.
De plus pour assurer son pouvoir, il nomma
Cogidunus, qui seul, y possédait les terres
Roi de ses Dobuni, pour les rendre prospères.
Cet expédient fit que ce Roi, désormais,
Aux Romains s'attacha, ne les trahit jamais.

Après ces premiers soins, ces mesures bien prises,
Par le feu, par le fer, Ostorius conquit

---

* Pour défendre la Province des insultes continuelles de Caractacus et de ses voisins inquiets, il résolut de les contenir par une chaîne de Forts, le long de la rivière d'Anton, ou Neu, et sur les bords de la Saverne.

** Ou Malden.

Les Provinces de Shrop, qui lui furent remises ;
Mais sa sévérité, toute sa rigueur fit
Indisposer très fort le pays des *Silures**,
La Province d'Herford, contre telles allures.

Caractacus, connu pour le plus grand guerrier,
Qu'eût produit la Bretagne, alors en son entier,
Commandait ce pays, le plus puissant de l'Ile.
Il s'était retiré, patient, mais habile,
Vers la *Saverne*, armé, toujours prêt au combat,
Prêt à reconquérir s'il le pouvait l'Etat.

Ostorius marcha vers cette forte armée,
Qui voyant les Romains, n'en fut point alarmée,
Se battit vaillamment, mais périt en héros.

A si grande défaite, ajoutons quelques mots.

* La Province d'Herford et la partie méridionale de celle de Galles.

Elle fut très cruelle. — En effet la journée,
Du grand Caractacus, brisa la destinée.
Il y perdit sa sœur, sa femme, ses enfants,
Qui tombèrent aux mains des Romains triomphants.
Cette victoire fut, deux jours après, suivie
D'une aventure, encore, affreuse pour sa vie.
Il avait fui d'abord, vers Cartismandua*,
(Qui n'était, en vigueur, déesse Strénua),**

Il fut livré par elle, en crainte de vengeance
D'un vainqueur indigné, contre sa résistance.
Par une trahison, Caractacus fut mis,
Malgré son héroïsme, aux mains des ennemis.
Claude en fut informé, le fit venir à Rome,
Pour montrer aux Romains.....
un Héros, non un homme.

---

* Reine des Brigautes.
** Strénua, déesse de la vigueur.

L'Empereur, au jour même, annoncé, bien précis,
Avec pompe introduit et sur son trône assis,
Voulut que les captifs, soumis à sa puissance,
Fussent tous amenés et mis en sa présence.
On vit paraître alors : Vassaux du Roi Breton,
Des dépouilles de tous, ce que l'on trouva bon,
Harnais et mille objets ; après venait la femme,
Les frères, sœurs du Roi, qui, de toute leur âme,
Imploraient la merci des Romains leurs vainqueurs,
Par lamentations, inépuisables pleurs,
Pouvant leur arracher, à tous, autant de larmes,
Tant leur position, en Cour, causait d'alarmes.

Enfin Caractus s'avançant le dernier,
Calme, sans trouble aucun, et sans s'humilier,
Du trône s'approcha, fixant les yeux sur Claude,
Et lui fit nettement, en affaire aussi chaude,
Un discours modéré, d'un mérite étonnant,
Dans lequel il priait l'Empereur maintenant,
Songeant à ses malheurs, à toute sa disgrâce,

De montrer sa clémence et de lui faire grâce.

L'Empereur en effet, frappé d'un tel discours,
De celui d'un héros, dont il sauve les jours,
Fit de suite tomber, avec plaisir extrême,
Les chaînes des captifs. — Honneur à Claude, même !

A l'instant, les captifs ayant leur liberté,
Estimant leur bonheur, venu de la bonté
De leur Impératrice, au trône associée
Et qui, par cette grâce, y semblait bien liée,
Se prosternèrent tous sous les yeux bienveillants
D'Agrippine acceptant leurs vœux reconnaissants.

Cette conquête fut, à Rome célébrée,
Avec autant d'ardeur qu'elle était désirée.
Ostorius reçut triomphe mérité ;
Mais bientôt, en Bretagne, il mourut dégoûté
De n'avoir pu finir cette guerre incessante,
Contre laquelle il n'eut qu'action impuissante.

Claude de suite fit Propréteur Didius,
Où, dans le même temps, le chef Vénutius,
Des Vigantes le Roi, devint par mariage,
De Castismandua, l'époux assez peu sage,
Pour choisir, à sa honte, et sans aucun souci,
Cette perfide Reine, ayant, hier, trahi
Le grand Caractacus. — Mais cette union folle,
Amène le dégoût et puis ce qui désole
Fatales unions, la séparation,
Une rupture ouverte, entre l'époux, la femme.

La Princesse saisit moyen que chacun blâme,
Et, pour lequel on a fort grande aversion,
De s'emparer alors, par mesure grossière,
De ses parents, amis, et même de son frère.

Si haute trahison excite tellement,
En les Etats voisins, un vif ressentiment,
Qu'ils prennent le parti de s'unir tous en armes,

Avec Vénutius. — De cruelles alarmes
Saisissent aussitôt le cœur craintif, peureux
De la Reine, en fureur, qui fait appel honteux
Au secours des Romains ; et c'est par cette cause,
(Il nous faut expliquer et bien dire la chose),
Par cette cause seule, on peut le concevoir,
Que les Romains, ici, tenant tout le pouvoir,
Purent encor lutter, à l'aide d'une armée,
Contre cette union, juste, contre eux formée.

Ce n'est pas tout, la Reine, enfin n'y tenant plus,
N'ayant aucuns rapports avec Vénutius,
Prend pour nouvel époux, en second mariage,
Son propre général, nommé Vellocatus ;
Mais les Bretons, dès lors, reprirent l'avantage,
Vainquirent les Romains, avec nouvelle rage,
Lesquels purent à peine, empêcher que l'on prît
Cette Reine ayant, tant, agi pour leur profit.

---

*An 52 après J.-C.*

---

Véranius succède à Didius, en l'Ile,
Sous Néron Empereur. — Véranius, habile,
Médite un beau projet : mais il meurt aussitôt :
Et Suétone, alors, le remplace bientôt,
Dans son gouvernement, où plein d'ardeur extrême,
Il a l'ambition de conquérir lui-même,
L'Ile Mona*, suivant le projet qu'il forma,
Ile que ne comptait *Britannia prima,*
Dont elle était, en tout, pleinement désunie,
Par un canal étroit. — Elle fut atterrie
Par les soldats Romains, qui furent aussitôt,
Dans un combat fameux et publié bien haut,

---

* Ou d'Anglesey, séparée de celle de Bretagne, par le canal étroit, que l'infanterie traversa dans des barques plates, pendant que la cavalerie surmontait le même obstacle, partie à gué, partie à la nage.

Maîtres de ce pays et maîtres des Druides.
Qui, depuis leur défaite, allèrent aux Hébrides.

*An 61 de notre ère.*

Attendons-nous à voir, maintenant révoltés,
Mille Bretons battus, par dix, mais bien montés.

Deux cent vingt mille gens, au moins, de toute espèce,
Furent bientôt groupés, combattus, mis en pièces,
(Si nous résumons bien tous les faits racontés).
Le chiffre fait honneur aux Bretons, comme à Rome:
On ne peut contester nombre, ni valeur d'homme.

A quelque temps de là, les Romains toujours forts,
Firent dans un combat, quatre-vingt mille morts:
Sur des chariots mis, en cercle, dans la plaine,
Les femmes des Bretons se comptaient par centaine.

— *An 69.* —

Quelque repos n'eut lieu qu'à la mort de Néron,
Sous les règnes très courts de Galba, puis d'Othon.

— *An 77.* —

Sous l'Empereur Titus, les Bretons commencèrent
A se civiliser et les combats cessèrent.
Agricola, de suite, homme plein de bonté,
De douceur, de sagesse et surtout d'équité,
Sut bien pacifier, étendre la conquête,
Et construire des Forts, assurant la paix faite.
Il éleva sa gloire à très grande hauteur,
Des Bretons en reçut et la preuve et l'honneur.

— *An 87.* —

A Rome il fut mandé par Domitien lui-même,
Qui ne sut l'accueillir qu'avec froideur extrême.
Il mourut en ce temps, empoisonné, dit-on.
Avait fait longue paix, sa modération.

### *L'an 120 de notre ère.*

Adrien visita sa Bretonne Province,
Pour la pacifier, comme doit faire un Prince.
Il construisit des *Forts* réunis par remparts,
Afin de garantir l'Ile, de toutes parts ;
Revint ensuite à Rome, ayant en la Bretagne,
Prouvé ce qu'Empereur, en tél voyage, gagne ;
Il avait réprimé, par ses précautions,
Discordes et combats, mille discussions.

### — *An 138.* —

Antonin, Marc-Aurèle et Commode lui-même,
Ne purent, de la paix, résoudre le problème.
Commode fut tué, dans son propre palais,
Sans avoir assuré si désirable paix.

### — *An 193.* —

Pertinax prit enfin la pourpre impériale.
Il avait bien acquis l'estime générale,
Mais vite il fut tué. L'Empereur Didius,

Mourut aussi bientôt, de même qu'Albinus ;
De sorte que Sévère ayant conquis l'Empire,
Vint en Gaule lui-même et, de là, fit élire
Lupus son Propréteur, en Bretagne envoyé,
Pour réprimer enfin le désordre appuyé
Par tant de monde ensemble. Il descend en Bretagne,
Malgré l'âge avancé, qui, dans ce temps, le gagne
Et malgré que la goutte, en plus, le fît souffrir,
Qui, dans un seul instant, pouvait tout lui ravir.

En diligence, il lève une très forte armée,
Pour vaincre toute bande, en armes, bien formée
Et luttant contre lui, qui veut, pour cette fois,
A Rome procurer une sûre conquête,
Prompte, complète, entière, après une défaite,
Qui mît tous les Bretons tout à fait aux abois,
Hors d'état de lutter, en bataille rangée,
Ni par la résistance, encore prolongée.

— *An 208.* —

Sévère atteint bientôt les remparts d'Adrien

Et dans tout ce pays ne trouve à peu près rien.
Il poursuit néanmoins, avec persévérance,
Sa résolution et va, sans résistance,
(Tant sa présence impose un vif respect à tous),
Jusqu'aux extrémités des côtes Nord de l'Ile.
Les remparts d'Adrien, par un travail habile,
Furent bientôt refaits et des traités forts doux
Furent aux habitants, pour amitiés durables,
Imposés et trouvés, par chacun acceptables.

Cette paix, en ce temps, par les remparts nouveaux,
Garnis de tours, de forts, de fossés et plus hauts,
Formant, en leur ensemble, enceinte inaccessible,
Devait, à l'avenir, rendre guerre impossible.

A son fils Antonin, nommé Caracalla,
Sévère, faible, infirme, à quelque temps de là,
Confia son armée, avec grande imprudence ;
Mais, envers les Bretons, de ce fils, l'insolence,
Qui s'accroissait toujours, à si haut point, alla,

Fut telle que, rompant le traité de Sévère,
Et retrouvant, de suite, une attitude fière,
En leur révolte ouverte, ils reprirent en mains
Les armes qu'ils avaient remises aux Romains.
L'Empereur irrité de telle perfidie,
Incroyable pour lui, mais sous ses yeux ourdie,
Exhorte ses soldats à tout exterminer,
Sans épargner personne et sans rien pardonner.

— *An 212* —

Dans la ville d'York, alors mourut Sévère.
Le fils ne suivit pas cet ordre de son père
Et par certain motif, de suite renoua
Le traité des Bretons, que chacun approuva.
La chose resta donc comme affaire conclue.

Caligula venait d'avoir tout autre vue.

Il voulait s'assurer *tout l'Empire* pour lui,
Que son père avait cru devoir, à deux bons frères, *

---

Antonin et Géta, fils de Sévère.

Donner également : mais c'étaient deux affaires.
En s'assurant, de tous, le concours et l'appui,
Il pouvait à lui seul, bien ramener la cause,
Et c'est certainement pour cette seule chose,
Qu'il sut se radoucir, renouer le traité,
S'assurer les Bretons, abattre leur fierté,
Prouver à ses soldats sa pleine confiance,
En leur honneur, à tous, ainsi qu'à leur vaillance,
Et satisfaire, au mieux, ses souhaits bien plus chers,
S'emparer de Géta, le mettre dans les fers.

### — *An 212* —

Au moment de la mort, tous les soldats portèrent
Aux deux frères unis, serment et puis allèrent
A Rome accompagner, avec très grand honneur,
Les cendres de Sévère. — Alors au fond du cœur,
Sans cesse, tourmenté d'ambition extrême,
Caracalla formant projet contraire même,
A l'humaine nature, enfin sacrifia
Et fit assassiner son seul frère Géta.

Tous les Historiens ont gardé le silence,
Sur les événements, après ce crime immense.

---

— *Ans 260 à 284* —

Sous Gallien, Carin, trente Tyrans connus,
Dont six, dans l'Ile étaient, entre autres Tétricus,
S'emparèrent, alors, de la pourpre Romaine,
Généraux se donnant puissance souveraine.

---

— *An 296* —

Une éclatante étoile, alors à l'horizon,
Paraît, pour éclairer d'abord peuple Breton.

Constance est accueilli par la Bretagne entière,
Comme un libérateur, ranimant la lumière,
Sous les Tyrans éteinte. — En cette occasion,
Très glorieusement, il montre sa clémence,
Sa justice, son cœur, son extrême prudence,
Accorde l'amnistie et fait restituer
Tout ce dont le retour devait s'effectuer.
Il rend libre la mer et fait commerce libre ;
En un mot, sur tous points, rétablit l'équilibre.

Constance, en Londres fait refleurir tous les arts ;
Mais quoiqu'elle eût souffert à bien d'autres égards,
Cette ville était belle, immense d'étendue,

D'édifices remplie et de grands biens pourvue.

Avantages très grands pouvaient déterminer
A rester en Bretagne, et ne l'abandonner.
Constance fit le choix de la Grande Bretagne,
Pour s'y fixer et vivre, heureux plus qu'en Romagne,
Par la raison, sans doute, (il faut la dire aussi,
Raison qu'à tout lecteur, nous devons dire ici,)
Celle de son amour pour la célèbre Hélène,
Mère de Constantin, de son cœur souveraine.

— *An 304* —

Hélène était Bretonne et les Historiens
S'accordent pour le dire, en sont tous bien certains.
Rare était son mérite et, par le mariage,
Constance était uni, déjà depuis longtemps
Avec cette beauté, célèbre dans ce temps.
Mais aux raisons d'Etat, cédant suivant l'usage,
Il se vit obligé de la répudier.
(Sans pouvoir, par ce fait, à jamais l'oublier,)
Pour ensuite épouser, mais par reconnaissance,

La fille d'un Romain qui, dans sa bienveillance,
A Constance avait fait son élévation,
Auquel Constance avait très grande affection.
C'était Théodora, de Maximien, fille,
Maximien Hercule. Ici tout son nom brille .

Malgré ce mariage, Hélène conserva
L'entière affection que, juste, lui voua
Constance, aux premiers jours de cette connaissance,
Qui, jusques à la fin, charma son existence.

Elle acquit tellement l'amour de tous Bretons,
Par libéralités de toutes les façons,
Que leur estime était l'adoration même.
Société pareille était un bien extrême,
Qui ne pouvait manquer de faire le bonheur
De Constance et, de plus, autant à son honneur,
Celui de son pays, sans cessation nulle,
Jusqu'au jour où la mort, même, en Cour, ne recule.

Dans York, en ce temps, cet Empereur mourut
Et Constantin, son fils, au plus vite, accourut,
De son père reçut l'ordonnance formelle,
Par laquelle ce fils était son héritier
Et recevait l'Empire. — Après cette nouvelle.
Constantin, aussitôt, eut *Titre* net, entier,
D'Empereur des Romains, bien proclamé dans l'Ile.

---

*— An 305 —*

Comme son père était, Constantin fut habile,
Généreux, bienfaisant, très aimé du Breton,
Très respecté partout. Heureuse il rendit l'Ile,
Publiquement suivit cette Religion,
Qu'il avait embrassée et qu'il professait même,
Religion chrétienne, où son mérite extrême
Sut se développer et se prouver souvent,
Plus qu'il ne l'avait fait et su montrer avant.
Cet affable Empereur, homme très équitable,

Etait assurément, à Titus, comparable*.
Il était né dans l'Ile, où chacun l'admirait.

— *Ans 337 à 395* —

Après un très beau règne, il mourut. — Il paraît
Avoir eu des enfants peu dignes d'un tel père,
Qui travaillèrent peu, sans rendre plus prospère
Un si bel héritage. — Il faut en arriver
Au temps où Théodose enfin sut conserver
Cette Grande Bretagne, et, par règlements sages,
La préserver, lui rendre immenses avantages,
La faire florissante, en sa félicité,
Jouissant de la paix avec tranquillité.

. . . . . . . . . . . . . . . . . . . . . . .

. . . . . . . . . . . . . . . . . . . . . . .

---

* Il rendit au Sénat son autorité et son ancienne splendeur et fit des réglements si sages et si efficaces pour assurer la paix et la tranquillité dans Rome, que les inscriptions gravées en son honneur, le nomment : Libérateur de la Ville, Fondateur de la paix, Restaurateur de la République, et qu'il reçut unanimement le nom de Constantin le Grand.

— *An 446* —

Mais la Bretagne alors dut être abandonnée
Et, seule, désormais, régler sa destinée :
Les Romains n'avaient plus l'Empire d'autrefois,
Ne pouvaient plus donner aide encore une fois,
Aux Bretons délaissés, chargés de leur défense.

— *An 446* —

Cet abandon de l'Ile eut grave conséquence.

---

Druides renversés, civilisation,
Acquise par la paix et la Religion,
Religion chrétienne, en tous ses points divine,
Où sagesse d'en Haut, au plus haut se devine,
Abaissement forcé des Romains aux abois,
Voilà ce qui peut bien faire penser, cent fois,
A l'inconstance humaine, aux faiblesses de l'homme,
Aussi bien, aujourd'hui, qu'à la chute de Rome !

---

### — *An 447* —

Les Pictes et les Scots s'étant tous réunis,
Pour battre les Bretons, alors, d'effroi, saisis,
Ceux-ci, dans l'embarras, vont prier Vortigerne
De commander dans l'Ile, en tout ce qui concerne
Leur défense et la paix, sous leurs protections,
De conjurer enfin le sort qui les consterne.
Vortigerne traita, pour les peuples Bretons,
Avec Hengist, Horsa, les deux chefs des Saxons,
Qui sauraient, de concert, autant qu'il pouvait croire,
Sur tous leurs ennemis, remporter la victoire.

Par eux la paix fut faite et ces Libérateurs
Prétendirent bientôt être seuls Gouverneurs.
Tel est,en quelques mots, ce qui fit passer l'Ile,
Du pouvoir des Romains, à celui des Saxons,
Sans que ce changement devînt trop difficile,
Et sans qu'il fût trouvé plus fâcheux aux Bretons.

*— Ans 453 à 527 —*

Les Saxons, tout d'abord, et les Angles ensuite,
Ayant, en cent combats, mis le désordre en fuite,
Paralysé l'effort de nombreux ennemis,
Partagèrent entre eux, ce beau pays conquis.
De ce Royaume entier, sept parts furent tôt faites,
Et se donnant la main comme sept sœurs parfaites.
Essex, Sussex, Wessex, Kent, première partie,
Puis le Northumberland, Estanglie et Murcie.
Ce partage de l'Ile, en sept Royaumes fait,
Sous le nom d'Heptarchie, eut un succès complet.

*— An 800 —*

Trois siècles et demi dura ce grand partage,
Auquel Egbert, Saxon, Roi d'Wessex et très sage,
Mit fin, étant élu Grand Chef, unique Roi,

*— An 827 —*

Des Saxons réunis, sous son unique loi.

# ROIS

DE

# L'ANGLETERRE

---

# ROIS DE L'ANGLETERRE.

## EGBERT.

— *An 800* —

Egbert avait servi douze ans sous Charlemagne,
Avait su mériter tant d'estime, en Bretagne,
Qu'il s'empara bientôt du Royaume, à la fois,

— *An 825* —

Composé de tous ceux qu'avaient les autres Rois.
L'Heptarchie, en ce jour, s'appela l'Angleterre,
Par un Edit d'Egbert, rendant la chose claire.

— *An 829* —

A peine ce Grand Roi, jouissait de la paix,
Des loisirs mérités, si dus à ses hauts faits,
Que sa tranquillité se trouva bien troublée.

La Nation Danoise, en masse rassemblée,
Et voulant triompher, dans de nombreux combats,
Fit une irruption, au sein de l'Angleterre,
Mais qui fut repoussée, et par mer et par terre,
Avec tant de vigueur, qu'elle ne revint pas.

— *An 836* —

Egbert victorieux, au comble de la gloire,
Mourut, comme un héros, d'admirable mémoire.

## ETHELWORLF.

— *Ans 836 à 866* —

Après Egbert, son fils, *Ethelworlf* appelé,
*Ethelbald, Ethelbert*, font un tel défilé,
Auquel j'ajoute encore : *Ethelfred*, sans contrainte,
Que je n'ose parler, dans ce trop faible écrit,
De tout ce que j'aurais, sans nul intérêt, dit,
De crainte que ma plume, à moi, ne porte plainte.

## Alfred-le-Grand.

— *An 871* —

Tout le royaume était en déplorable état,
Quand ce grand Prince, lui, fut tout prêt au combat :
Pour chasser les Danois, il fut infatigable.
Comme pour faire l'Ile, en tous points, imprenable.

— *An 876* —

*Une*, *entière* et *toujours* préservée avec soin.
Elle fut : *sous l'appui*, dont elle eut grand besoin.
Cette force d'Alfred, qui sauva l'Angleterre,
Monarque le meilleur, le plus grand qui, sur terre,
Eût encore paru. — Nous nous plaisons, ici,
A lui rendre justice, après que, dans l'oubli,
Tant de Rois ont été, qui ne méritent guère

Que l'on s'occupe d'eux, même pour faits de guerre.

Ce grand Prince d'abord, des Danois ennemis,
Pirates redoutés, et toujours insoumis,
Qui demeuraient sans cesse, hommes insaisissables,
Repoussa les efforts, incessants, redoutables.
Mais à son grand courage, il dut tant de succès.
Il les dut à ses soins, à d'incessants progrès,
Par sa constance, acquis, dans les Arts, les Sciences,
Auxquels il dut enfin, avantages immenses.
La bonté de son cœur lui fit beaucoup d'amis,
Pour lui, soutiens puissants, contre tant d'ennemis.

Pour le Christianisme, il eut un culte extrême,
Sur son front, rehaussant l'éclat du diadème;
Ce Prince était doué des plus grandes vertus,
Et, pour faire du bien, il ne calculait plus,
Il partageait son pain, quoiqu'il n'en eût plus guère,
Dans les cas douloureux d'aussi terrible guerre,
Où l'on avait recours à cette charité,

Qui, chez lui, s'élevait à la sublimité,
Et qui n'est trop souvent, que faible et passagère.

Les pirates Danois le tourmentant toujours,
Au pillage, aux combats, en incessants retours,
Alfred étudia leurs mœurs et leurs tactiques,
Leurs occupations, leurs sciences nautiques
Et voulut voir lui-même, enfin de ses deux yeux,
Ce qui, pour son pays, pourrait l'aider le mieux.

Ses yeux étaient très bons, ses volontés très sages.

Comme David faisait, dans le temps des Hébreux,

— *An 876* —

Ce Prince prit la harpe, aux sons mélodieux,
Pénétra dans le camp des Danois, vrais sauvages.
Méconnaissable alors, sous son déguisement,
Il put, à l'aise, voir tous leurs moindres usages,
Et les étudier, trois jours, très hardiment ;
Il reconnut, chez eux, l'effronterie extrême,

La débauche et de plus, l'absence entière, même,
D'aucune sentinelle établie en leurs camps,
Pour ce qu'il fallait faire, ou connaître en tous temps.

Lorsqu'il eut terminé ces études nombreuses,
Il voulut aussitôt les rendre fructueuses,
Réunit une armée, au milieu des forêts
Et lui communiqua ses importants projets.

— *An 878* —

Pressant beaucoup sa marche, elle fut, vite, en vue,
Du camp des ennemis, avant d'être aperçue.

Les Danois, cette fois, surpris subitement,
Ne purent résister, compter sur des batailles
Et furent écrasés, ou forcés par serment
De quitter le pays, sans nulles représailles.
Otages furent pris. — Ils subirent les lois,
Qu'Alfred sut imposer à ces sujets Danois.

Il augmenta sa flotte après cette victoire,

— *An 882* —

Reprit, sur les Danois, Londres, qu'ils possédaient,
Pour la Cité, bâtit forts qui la protégeaient,
Embellit cette Ville, en fit briller la gloire ;
Car Londres, dès ce temps, compta Palais nombreux,
Qu'Alfred avait construits, dès ces jours plus heureux.

Ce Prince avait, alors, atteint haute Puissance,
Tout honneur, grande gloire, au plus brillant degré.
Saxons, Danois étaient sous son obéissance ;
Tout lui réussissait ; tout marchait à son gré.
En Maître Souverain, dans toute l'Angleterre,
Il y refit la paix, que l'on voulait défaire.

Pendant douze ans, au moins, tout l'Empire jouit
De la tranquillité, que ce Grand Roi lui fit.

Il sut bien cultiver tous les arts pacifiques,
Réparer le désordre, aider les Catholiques,
Rebâtir les Couvents, les Eglises du temps,
Ayant très grand besoin de secours importants,

Il fit Londres, enfin, pour toute l'Angleterre,
Capitale, à jamais, dans toute l'Ile entière.
Il créa les Etats, qui devaient conférer,
A Londres, deux fois l'an, afin de l'éclairer.

Il attira vers lui les artistes habiles,
Les manufacturiers d'objets les plus utiles,
Ayant lui-même un goût fait pour apprécier
Justement toute chose et bien justifier.

Il sut choisir aussi, tout homme sachant faire
De notables progrès, en science, en affaire ;
Dans les arts libéraux, il sut récompenser,
Toujours très largement, comme l'on doit penser.

Pour instruire, il fonda, même une Académie*
Enseignant la Grammaire et la Théologie ;

* L'Université d'Oxford.

Notre Philosophie était encor l'objet
D'enseignement suivi, très habilement fait.

Pour se mettre en état de très bien satisfaire
Cette inclination, qui le portait à faire
Tout en grand et surtout de nobles charités,
Mais sans aucun excès, sans prodigalités,
Il règla sa dépense, avec économie,
Assurant juste part, (et sans parcimonie,)
Assignée aux objets, fixés, comme ses dons,
A ses travaux suivis, à ses constructions.

De même, pour son temps, il fit habile chose.
Un tiers il en donnait au sommeil, aux repas,
A l'exercice encore, en ne dépassant pas ;
Ecriture, Lecture et toute affaire, ou cause,
La Prière comprise, employaient les deux tiers.
Mais il fallait compter, rendre ces temps bien clairs.
Il mesurait son temps, en allumant des cierges,
Qui, tous du même poids, brûlaient devant des Vierges,

Des reliques de Saints, continuellement;
Et, dans la crainte étant, mathématiquement,
Que le vent, ou quelqu'un, ici, troublât les cierges,
Des lanternes il fit, où cierges, sûrement,
Pendant la nuit, le jour, brûlaient également,
  Tous ces feux le suivaient durant ses longs voyages;
Leurs lanternes, en corne, évitaient les dommages.

  Il inventa, de même, un modèle nouveau,
Pour galère à la mer, un agile vaisseau,
Dont cent vingt furent faits, tenant en paix les côtes,
Ressource précieuse, alors, sans nulles fautes,
Pour s'en aller au loin, à toute occasion,
Comme en l'Inde, acquérir grande admiration.

## — *An 896* —

  Ce grand Prince établit, pour toute l'Angleterre,
Un très beau corps de Lois, que, pour elle, il sut faire.
  Ses sujets accusés sont jugés par leurs Pairs.
  Ce privilège, haut retentit dans les airs.
  Ce Code arrête vols, meurtres et mille crimes,

Poursuit, change, punit les mauvaises maximes.
Produit grand changement et fait extrême honneur
Au Prince bienfaisant, qui s'en montre l'auteur.

— *An 897* —

Il vivait en public. Toute sa vie entière
Se passa sans défauts. Elle était très austère.

— *An 897* —

Il fit construire en brique, abandonnant le bois,
Qui causa des malheurs effroyables cent fois.

— *An 900* —

En l'an neuf cents, Alfred mourut bien jeune encore,
A cinquante-deux ans. — Ce qui grandit, honore,
Il l'avait tout acquis. — Chacun le regretta.
Il eut plusieurs enfants de sa femme Elfwitha.

---

* Edouard lui succéda et son autre fils Ethelwald reçut l'éducation à Oxford, où il fit de grands progrès dans les sciences. Des trois filles du roi Alfred, l'une épousa Ethelred, Comte de Murcie : une autre épousa Baudoin, Comte de Flandres, et la troisième fut Abbesse d'un Monastère fondé par son père à Shaftsbury.

# Edouard.

— *An 900* —

Quand Edouard reçut sa brillante couronne,
L'Angleterre n'avait tout cet éclat que donne
Paix et tranquillité, dans un autre pays.
Saxons, Danois faisaient, à peu près deux partis,
L'un l'autre se valant; mais les Danois voulurent
Profiter du moment, que favorable ils crurent,
Pour secouer un joug, qui, sur eux, trop pesait.
A l'aide de Saxons, unis à leur projet,
De Saxons, comme eux tous, ne voulant que désordre,
Faisant valoir des droits, qu'eux trouvaient de bon ordre,
Les Danois réunis, en formidable armée,
Et, d'un parti Saxon, puissant, même formée,
Firent la guerre ouverte au vaillant Edouard.

— *An 905* —

Ce Roi, de son côté, s'arme sans nul retard,

Poursuit un ennemi, qui contre lui complote,
Et, pour l'anéantir, il équipe une flotte,
(Détruisant, des Danois, le commerce naissant.)
Ravage leurs pays, et partout, les pressant,
Leur livre une bataille, une chasse terrible,
S'acharne contre eux tous, en fait carnage horrible,

— *An 911* —

Où périrent alors Officiers et deux Rois,
Des milliers de soldats ; si bien que les Danois
Demeurèrent chez eux, au calme, sans envie
D'entreprendre, en ce temps, nulle affaire suivie.

— *An 915* —

Ce fut, en ce moment, qu'Edouard, en repos,
Fit noblement fleurir tous les Arts libéraux.
En Université, de *Cambridge l'Ecole*
Fut alors érigée. — Ici ce qui désole,
C'est que la paix ne soit un durable repos.
Du butin, du butin ! C'est, pour Danois, Héros,
Tout ce qu'ils demandaient et voulaient toujours faire ;
C'était incessamment, chez eux, unique affaire.
Repoussés, chaque jour, ils revenaient toujours,
Dès qu'une occasion leur paraissait propice,

Soldats ne reculaient devant nul sacrifice,
Se battre était, pour eux, loisir de tous les jours.

— *An 915* —

Des cavaliers Danois, à piller commencèrent
Et, dans pays amis, à l'improviste entrèrent,
Y firent du butin, mille incroyables maux,
Qu'on ne put arrêter que par combats nouveaux.
On les refoula donc ; on les mit en déroute ;
Mais à d'autres, ceux-ci, venaient tracer la route.

— *An 915* —

Toute une invasion de Danois, de chevaux,
Inonda le pays, pilla, fit grands dommages,
Qu'Edouard arrêta, faisant nouveaux carnages.

— *An 920* —

Ce ne fut donc enfin qu'après mille combats,
Que ce Prince parvînt à sortir d'embarras,
Obtenant au plus haut, la puissance et la gloire,
Marchant de jour en jour, de victoire, en victoire,
Craint de ses ennemis, tous réduits sous sa loi
Et, pour tous ses sujets, un admirable Roi,
Brave, chéri de tous, presque égal à son père,

— *An 925* —

Il régna vingt-cinq ans, sur toute l'Angleterre.

## Athelstan.

— *An 925* —

A la mort d'Edouard, Athelstan, son cher fils,
Prit le Gouvernement, par son père, transmis.
A trente ans il reçut la couronne Royale.
Son éducation, sa conduite loyale,
Ses vertus, sa sagesse, ainsi que son savoir,
Bien des talents acquis et son expérience,
Son courage éprouvé, comme il l'avait fait voir,
Déjà lui méritaient l'extrême confiance.

Cependant on vit naître une prétention,
Qui fut presque détruite aussitôt que formée :
Toute discussion se trouva, net, fermée,
Sans que pût reparaître une intervention.

La mort finit le cours d'une vie agitée.
Athelstan, de ce vers, a prouvé la portée.

On voit combien il fut respecté dans les Cours,
Par les puissants époux que ce Roi sut toujours
Procurer à ses sœurs. — Edilda, la première,

— *An 934* —

Reçut, par mariage, en une cour plénière,
Le Prince Hugues de France et par ambassadeur,
Auquel tous les Etats firent très grand honneur*.

Athelstan fut un Roi, tout autant, pacifique,
Qu'en la guerre il était habile politique.

---

* Les présents faits en cette occasion consistaient en un très beau vase d'onyx, une couronne d'or ornée de diamants ; l'épée de Constantin le Grand, dont la garde portait un des clous avec lesquels Notre-Seigneur avait été attaché à la croix ; la lance de Charlemagne et plusieurs respectables reliques.

Formidable aux combats, il savait pardonner.

Après n'avoir jamais, cessé de s'acharner
Contre Danois surtout, Gallois, Ecossais, même,

— *An 938* —

Sur lesquels il acquit avantage suprême,
Il put enfin jouir d'un juste et court repos,
Qui suivit lentement les troubles de la guerre.

— *An 941* —

Il mourut sans enfants, véritable Héros,
Ayant régné seize ans, sur toute l'Angleterre.

— *An 942* —

Il eut, pour successeur, le Prince Edmond son frère.

---

## Edmond.

— *An 942* —

Les Danois subjugués ne pouvaient cependant,
Des Anglais supporter le terrible ascendant.
Edmond avait alors ses dix-huit ans à peine
Et n'aurait pu lutter contre si forte haine.
Il traita ; mais, discret, par revanche reprit
Ce qu'il avait cédé. — Maître encore il se vit
De son royaume entier. — Il fit des lois très sages
Et, tout à l'opposé des plus anciens usages,
Il voulut qu'on pendît tous les chefs de voleurs.

Ce bon Prince aurait fait réglements des meilleurs ;
Mais fâcheux accident, causé par l'imprudence,

Vint trop tôt l'enlever, au sortir de l'enfance.

Un jour, étant à table, entouré des Seigneurs,
Un scélérat indigne, et des plus grands voleurs,
Se glissa dans la foule, y fut trouvé de suite.
Reconnu par le Roi, qui nullement n'hésite
Et va le terrasser, en homme courageux.
Pendant qu'il le tenait, saisi par les cheveux,
Le scélérat, tirant son poignard au plus vite,
Le plongea dans le sein du Prince, qui de suite

— *An 946* —

Expira sur la place. — En pièces sûrement
Ce scélérat fut mis, dans le même moment.

Edmond régna six ans. — On tenait son courage
Pour extraordinaire. — Ce fut un Roi très sage.
Son frère Edred, alors, sur le trône monta*.

---

* Comme les deux fils, qu'Edouard avait eus de sa femme Elgiva,

## Edred.

— *An 946* —

Par suffrages unis, que chacun lui vota,
D'abord, de la Noblesse et puis du Clergé même,
Edred, frère d'Edmond, reçut le diadême.

Edred courut de suite au pays des Danois,
Les battit, réduisit à recevoir ses lois,

---

étaient encore dans l'enfance, son frère Edred monta sur le trône par les suffrages réunis de la Noblesse et du Clergé.

Avant qu'ils eussent eu le temps de pouvoir, même,
S'armer et recouvrer leur liberté suprême.

Mais à peine ce Roi rentrait dans ses Etats,
Que ces mêmes Danois revenaient aux combats.
Il rétablit la paix: mais une esquinancie,
Trop vite le surprit, lui fit perdre* la vie.

— *An 954* —

Il eut pour successeur, Edwy, le fils d'Edmond,
L'élection se fit sans nul trouble profond.

---

* Il fut le premier de tous les Monarques Saxons, qui prit le titre de Roi de la Grande Bretagne.

## EDWY.

— *An 954* —

A quatorze ans Edwy passait pour jeune Prince,
D'une extrême beauté. Personne, en sa Province,
N'avait un caractère aussi doux que le sien.
Les rebelles, alors, de ce fait, profitèrent
Et factions, combats, de nouveau, se montrèrent,
Qui ne pouvaient, au Roi, certes faire aucun bien.

Il fut privé bientôt* de toute sa puissance,
Qu'à son frère, on transmit. — Edgard, en conséquence,
Un Prince ambitieux, prôné dans ce moment,

— *An 957* —

Fut seul, nommé le Roi, de son consentement.

* Cette disgrâce le jeta dans une mélancolie si profonde qu'elle le

## EDGARD, *le Pacifique*.

— *An 957* —

Edgard fut déclaré Roi de tout le Royaume,
Et d'honneurs, pour ce Prince, on ne fut économe.

Il avait sû donner, de son savoir brillant,
De son habileté, son jugement saillant,
Comme de sa valeur, une très haute idée ;
Grâce à ses qualités la paix fut décidée.

---

conduisit au tombeau ; après avoir survécu, ou plutôt, langui, deux ans, depuis l'époque de son infortune. — Il mourut sans enfants.

Il contint ses voisins et les mit hors d'état,
De venir attaquer sa puissance et l'Etat.

Une flotte*, par lui, fut bientôt équipée,
Qui préserva le Roi de nouvelle équipée,
En le faisant jouir d'une tranquillité,
D'un repos, sans égal, et par lui mérité.

— *An 959* —

Des ravages** de loups, il purgea l'Angleterre ;
A la Justice il fit un règlement sévère.

* Il équipa une très grande flotte composée de trois mille cinq cents vaisseaux, partagée en différentes escadres qui croisaient continuellement autour de l'Ile, ce qui la mit à couvert de toute insulte. Ses précautions sages firent jouir ses sujets de la paix et de la tranquillité.

** Edgard changea le tribut des Gallois en trois cents têtes de loups, pour être payées annuellement au lieu d'argent ou de bestiaux et il publia une amnistie générale pour tous les crimes commis avant un

Les grandes qualités d'Edgard furent bientôt,
Par toute l'Angleterre, admises, au plus haut.

— *An 975* —

A ses trente-trois ans, Edgard, grand Politique,
Très bon Législateur, nommé le Pacifique,
Honorant les savants, qu'il sut récompenser,
Mourut très estimé, comme on peut le penser.

---

certain temps, pourvu que les coupables apportassent un nombre de langues de loups déterminé suivant la nature de leurs crimes ; cet expédient fut si efficace, qu'en trois ans l'espèce de cet animal fut totalement détruite en Angleterre.

Quant aux Magistrats, comme l'affaire était de la plus grande importance, il fit une loi qui condamnait à une amende pécuniaire tout juge qui, par ignorance, aurait prononcé une sentence injuste, et qui rendait incapable de posséder sa charge ni aucune autre dans le Royaume, celui qui aurait commis volontairement cette faute. Ensuite le Roi employa lui-même une année à parcourir ses Etats pour réparer le tort fait à ceux qui en avaient souffert, et prendre connaissance des coupables.

# EDOUARD, *le Martyr.*

— *An 975* —

A douze ans, aux Etats, fut fait Roi d'Angleterre,
Edouard, acclamé par l'Assemblée entière.
Après quatre ans de règne, il fut assassiné*
Et, nom de Saint, Martyr, à lui fut décerné.

---

* Revenant, un jour, de la chasse, il s'avança seul, à la porte du château de Corf dans l'intention de faire un compliment à sa belle-mère Elfride, qui l'invita très obligeamment à descendre ; mais comme il en fit quelque difficulté, elle l'engagea à boire un verre de vin tout à cheval; le jeune Prince y consentit et pendant qu'il le buvait, il fut frappé, par derrière, d'un coup de poignard que lui porta un domestique chargé de cette action abominable. Aussitôt qu'Edouard se sentit blessé, il donna des éperons à son cheval ; mais il tomba bientôt affaibli par la perte de son sang, et son pied se trouvant engagé dans l'étrier, le cheval le traîna longtemps jusqu'à ce qu'il s'arrêtât de lui-même devant la porte d'une pauvre femme aveugle ; les domestiques d'Elfride, que leur maîtresse avait envoyés, pour voir la suite de sa trahison, trouvèrent

## Ethelred II.

— *An 978* —

Ethelred, à douze ans, accepta la couronne,
Que ne lui disputait, en ce moment personne.

Son indolence extrême et sa timidité,
Ne pouvaient lui donner force et sécurité.

---

ce malheureux Prince expiré et horriblement défiguré par les pierres sur lesquelles il avait passé. Ils jetèrent son corps dans un puits, où on le trouva quelques jours après et on l'enterra à Warehaut ; mais on le transféra depuis dans le monastère de Shuftesbury, où l'on rapporte qu'il se fit un grand nombre de miracles, et Edouard fut ensuite canonisé comme Saint et comme Martyr. Pour ce qui est d'Elfride, elle fut saisie d'une telle horreur et d'un si grand remords pour le crime affreux qu'elle avait commis, que dans l'intention de l'expier, elle fonda deux Monatères à Ambresbury dans le Comté de Wilt, et à Worwell dans celui de Northampton, et passa le reste de sa vie dans le dernier, pour mériter la miséricorde du Seigneur par une vie de pénitence et de mortification.

Manquant d'expérience et peu propre à la guerre,
Il arriva bientôt que toute l'Angleterre
Vit s'affaiblir beaucoup tout son Gouvernement,
Faute de dignité dans le commandement.

— *An 987* —

Après que les Danois, pendant dix ans de guerre,
Eurent pillé partout les côtes des Saxons,
Ils cessèrent, enfin, toutes exactions
Et le peuple, en repos, recommençait à croire,
En paix tous les Danois. — C'était une victoire,
Pour lui, de ne voir plus son pays ravagé ;
Mais on se trompait fort ; ils avaient ménagé
Nouvelle invasion, cette fois formidable,
Que l'on put, il est vrai, rendre très peu durable,

— *An 991* —

En achetant la paix, avec beaucoup d'argent.

Au printemps, qui suivit, ce prix encourageant
Ramena les Danois, en flotte plus nombreuse,
Cette fois Ethelred eut cette idée heureuse,
De bloquer les Danois, en tous leurs propres ports ;

Ceux-ci, bien prévenus, mirent flottes dehors,
Prirent la mer très vite, et, dès cette journée,
A leurs yeux apparut heureuse destinée.
Alfric*, par trahison, étant pour les Danois,
Venait de leur sauver leurs flottes aux abois.

---

* Alfric, le commandant de la flotte d'Ethelred, devait bloquer les vaisseaux Danois dans les ports, mais il déserta vers les Danois, et leur donna avis du danger dans lequel ils étaient, ce qui les porta à se mettre aussitôt en mer et les fit échapper. Le Roi fut très irrité; cependant il eut assez de faiblesse pour lui rendre encore son amitié, et lui donner une nouvelle occasion de renouveler ses perfidies, dont l'unique motif était le désir de se venger du Roi, qui l'avait exilé après la mort de son père, à cause de sa mauvaise conduite et de quelques actions odieuses qu'il avait faites quoiqu'Ethelred, dont il était parent, lui en eût cependant accordé le pardon, et l'eût rétabli dans ses biens.

Le Roi très irrité, cependant fut encore
Trop faible pour punir ce traître, qu'il abhorre.

Toutes invasions, actions des Danois,
N'avaient toujours été qu'entreprises hardies,
De sujets malfaisants, les coupables sorties ;

## — *An 991* —

Mais enfin Suénon, Olof, deux Rois amis,
L'un Roi de Danemark et l'autre de Norvège,
Guidés par les succès de leurs sujets soumis,
Vinrent des forts d'York, faire en commun le siège.

Cette attaque était grave. — On prit pour commandants
Chargés de repousser de si forts combattants,
Trois Comtes valeureux qu'illustrait leur conduite.

Comme ils étaient Danois, faible fut leur poursuite.
Trahissant leur devoir, dès les premiers débats,
Très délibérément tous trois prirent la fuite
Et le pays Anglais appartint, sans combats,

Aux Danois devenus maîtres de l'Ile entière.
C'est à force d'argent, qu'on sauva l'Angleterre.
Ethelred, se voyant hors d'état de chasser
Si nombreux conquérants, en vint à financer,
A payer forte somme, en ce moment forcée,
Sous la condition que paix fût prononcée.

— *An 994* —

Les deux Rois acceptant, par serment, aussitôt,
Après tribut réglé, partirent au plus tôt,
Olof* assurant bien qu'à toute l'Angleterre,
Il donnait, par serment, la certitude entière,
Qu'il ne reviendrait plus : parole qu'il tint bien,
Et, pour laquelle on n'eut à lui reprocher rien.

Suénon, au contraire, en ses instincts souvages,

* Olof fit une visite à Ethelred, qui l'engagea à se faire baptiser. Aussitôt qu'il eut embrassé le christianisme, il promit, par serment, de ne plus faire aucun tort à l'Angleterre, et il tint parole avec la plus grande exactitude.

Au Comté de Dorset, fit de nouveaux ravages,
Et défit Ethelred, qui n'aurait pu finir,
Sitôt l'agression, sans ce fait à venir :
  Le Duc de Normandie*, étant alors en France,
Par le Roi, menacé, demanda l'assistance
Des Danois qui pouvaient lui sauver ses États,
  Les succès de ceux-ci finirent tous débats.

  Les Danois, de retour, en l'Ile d'Angleterre,
Réunis aux Anglais, de même race mère,
Pillant et ravageant, contraignirent le Roi,
(Qui ne pouvait, alors, amener leur défaite,)
A traiter avec eux, en acceptant leur loi.
  Trois mille pièces d'or, payèrent leur retraite.

## — *An 994* —

Ethelred sentant bien qu'il ne peut se fier
A ses propres sujets, veut se fortifier,

* Richard II, duc de Normandie.

Par puissante alliance, un brillant mariage,
Qui puisse être pour lui, d'un solide avantage.
Il demande, il obtient, aisément*, sans retard,
Pour son épouse, Emma, la sœur du Duc Richard.

Cette alliance était assez forte pour faire,
Assurément, au Roi, changement salutaire.
Il n'en sut profiter, et suivant le conseil,
A lui donné toujours par traîtres, en éveil,
Il perdit ses États, par insigne faiblesse.

Le traître Alfric devint, par ordonnance expresse,
Le chef de son armée et son unique appui.

Ethelred ne pouvait choisir pire que lui !

---

* La proposition des Ambassadeurs fut acceptée avec joie, et la Princesse amenée en Angleterre, où les noces se célébrèrent avec un grand éclat.

Suénon, s'avançant, se livrait au pillage,
Repoussait, détruisait et tuait avec rage.
Dès qu'Alfric arriva devant l'envahisseur,
Il fut épouvanté, renversé par la peur

— *An 1003* —

Et laissa ses soldats se sauver, sans combattre.
Ce perfide ne put, lui-même, ni se battre,
Ni se montrer armé pour sauver son pays.

Il abandonna tout, aux mains des ennemis.

Malgré toutes rançons, en pièces d'or payées,

— *An 1003* —

Calamités encor, par d'autre or, enrayées,

— *An 1007* —

Le Roi se vit enfin, dans Londres assiégé
Et ce trop faible Prince, alors mal dirigé,
Fut contraint et forcé, sans aucune défense,

— *An 1012* —

De transmettre aux Danois, entière, sa puissance
Et d'abandonner tout, jusques à son honneur,
Heureux encore il fut de trouver un asile

A la Cour de Richard, en abandonnant l'Ile,

— *An 1012* —

Et d'avoir dans ce Duc, un très généreux cœur.

Londres ne put alors que gémir et se rendre,
A nul recours puissant ne pouvant plus prétendre,
N'ayant plus, en un mot, qu'à supporter son sort,
Le règne des Danois et la loi du plus fort.

— *An 1013* —

Suénon fut alors élu Roi d'Angleterre.
Là, des Saxons, finit la conquête première.

---

# RACES SAXONNE ET DANOISE

— *An 1013* —

Mais Suénon était un Roi fou furieux,
Dont le cœur n'était plein que d'instincts malheureux.

Cet homme n'était rien de ce qu'il devait être.

Pour un Royaume tel, il fallait autre Maître !

# LA SUÈDE

# TRADITIONS ANCIENNES

## LA SUÈDE

Au sein de la Gothie*, aujourd'hui je me vois,
Prêt à remémorer quelques faits de mon choix
Et tous des plus anciens des règnes de Suède.
On y voit des Héros, des Conquérants, des dieux
Les Suédois du jour les nomment leurs aïeux.
Devant un tel sujet, tout autre histoire cède.

De ce vaillant pays sont sortis tous les Goths,
Visigoths belliqueux, valeureux Ostrogoths,
Peuples ayant dompté l'Espagne et l'Italie,
Lorsque même lutter semblait une folie.

---

* La Gothie, portion méridionale de la Suède, jadis subdivisée en Ostrogothie (Gothland, Smaland, l'Est), en Westrogothie (à l'Ouest), Gothie (au Sud), tient son nom des Goths, peuples d'origine germanique des bords de la Vistule, qui conquirent, de fort bonne heure, la Scandinavie méridionale et centrale.

Odin*, Niord, Ymer, intrépides guerriers,
N'étiez-vous donc alors, des Héros, les premiers!
Vos descendants frappés de vos travaux magiques,
Ont fait, de vous, des dieux et des dieux historiques.
Vous futes adorés: Odin, père des dieux,
Père du monde entier, dieu des victorieux.

---

* Odin, le plus grand des dieux Scandinaves, était censé le père des dieux et du monde.

Il était aussi le dieu des combats, et animait les guerriers au carnage.

Il est croyable qu'une partie des événements mythiques attribués à Odin, appartiennent à la vie d'un ancien chef que quelques-uns ont admis avoir vécu environ 100 ans avant J.-C.

Sigge, chef des Scythes, nation d'où les Goths datent leur origine, prit le nom d'Odin, qui était le dieu suprême des Scythes et cela pour se concilier le respect des peuples qu'il voulait assujettir.

Il suivit d'abord la route de la Scandinavie, passa dans l'île de Fionie (Danemark) et y bâtit la ville d'Odensée, qui conserve, encore, dans son nom, le souvenir de son fondateur. Il étendit ses conquêtes sur tout le Nord, le Danemark, la Suède, où il se fit adorer comme dieu.

Les Suédois vinrent en foule lui rendre hommage et déférèrent la couronne à son fils Yugue et à sa postérité.

Il joignit à ses conquêtes celle de la Norvège et ce royaume obéit à un autre de ses fils, Soemungue.

On prétend qu'il eut plus de trente fils de sa femme Frigga.

Son habileté dans la magie le fit passer pour un dieu, le dieu des dieux, le dieu des armées, le père du carnage, l'incendiaire, le dépopulateur, protecteur des guerriers auxquels il ouvrait les portes du ciel. Il élevait jusqu'à l'enthousiasme le penchant sanguinaire de ce peuple belliqueux.

La principale divinité, après Odin, était sa femme Frigga. Il paraît qu'on la confondit dans la suite avec Vénus; car les peuples du Nord appellent le vendredi, jour consacré à cette divinité, Frayday en anglais, Freytag en allemand, c'est-à-dire le jour de Frigga.

Présidant aux combats, animant au carnage,
Soutenant de chacun, l'intrépide courage,
Et, pour prix de hauts faits, leur entr'ouvant les cieux.

Après vous maintenant, reportons nos pensées,
Sur vos grands descendants, autres gloires passées,
Le chef des Visigoths, le terrible Alaric,
Le chef des Ostrogoths, le Roi Théodoric.

---

Les divinités inférieures étaient chargées de diverses fonctions dans l'univers. Elles avaient fait un pont qui communiquait du ciel à la terre; et ce pont était l'arc-en-ciel. — Un certain Hemdal était chargé de veiller à une des extrémités, de peur que les géants ne voulussent s'en servir pour escalader le firmament.

Ce gardien vigilant avait l'oreille si fine qu'il entendait croître les herbes des prés et la laine des brebis, etc., etc.

Niord, le troisième des dieux Scandinaves, présidait aux vents, au feu et apaisait la mer en furie. Il est le dieu qu'invoquaient les chasseurs, les pêcheurs, les navigateurs et les mineurs. Il avait pour épouse l'enchanteresse Skada, etc.

Le fameux géant Ymer fut le sujet des poésies scandinaves.

Les Scandinaves avaient, comme les autres nations, leurs temples, leurs prêtres, leurs idoles, leurs sacrifices, dans lesquels, comme on le voit dans leur histoire, ils n'épargnaient pas le sang humain, etc., etc.

Alaric combattant la puissance Romaine,
Contre laquelle enfin son ardeur se déchaîne.
Trois fois assiège Rome et la prend à la fin.
Emportant, de trésors, un immense butin.

Théodoric devient seul maître en Italie :
C'est lui, sans contredit le plus grand de vos Rois,
Par son habileté, que personne n'oublie,
Aux Romains il fixa de bienfaisantes lois.

Tatila, comme lui, fut à Rome affaiblie,
Des Ostrogoths vainqueurs, l'un des plus puissants Rois.

---

Ici je dois hommage à l'homme de génie,
Dont, par si justes droits, la gloire est infinie,
Je ne puis oublier notre immortel Boileau,
Qui sut nous formuler ce précepte si beau :

« Sur de trop vains objets n'arrêtez pas la vue.
« Donnez à votre ouvrage une juste étendue.
« Que le début soit simple et n'ai rien d'affecté.
« N'allez pas dès l'abord, sur Pégase monté,
« Crier à vos lecteurs d'une voix de tonnerre,
« Je chante le vainqueur des vainqueurs de la terre.
« Que produira l'auteur, après tous ces grands cris ?
« La montagne en travail enfante une souris.
« Oh ! que j'aime bien mieux cet auteur plein d'adresse,
« Qui sans faire d'abord de si haute promesse,
« Me dit d'un ton aisé, doux, simple, harmonieux :

« Je chante les combats et cet homme pieux
« Qui des bords Phrygiens conduit dans l'Ausonie,
« Le premier aborda les champs de Lavinie.

« Sa muse en arrivant ne met pas tout en feu,
« Et, pour donner beaucoup, ne nous promet que peu.
« Bientôt vous le verrez, prodiguant des miracles,
« Du destin des Latins, prononcer les oracles. »

Vénéré Maître à tous, je ne vois que trop bien,
Qu'après avoir écrit en langue prosaïque.
De Conquérants, de dieux, une histoire Héroïque,
Il ne restera plus au pauvre historien,
Qu'à retracer des faits de nature tout autre.
Qu'aucun pouvoir ne peut encore moins le nôtre !
Exalter, élever à plus grande hauteur,
Que *le Vrai* ne saurait accorder à l'auteur.
Les faits donc sont bien là pour vous rendre justice.
O, glorieux génie ! Excusez le supplice
De ne pouvoir changer un ordre impérieux
De faits d'abord brillants, et puis bien moins heureux.
Telle est la vérité. — Des règnes de Suède,
Je ne pourrai citer rien qui vienne à mon aide.

Je dois vous l'avouer, je n'y vois nul soutien,
Qui puisse maintenant me faire quelque bien.
Nous n'y verrons régner que de faibles sauvages
Est-ce assez pour tracer même ces quelques pages ?
Incertain sur ce point, j'essayerai du moins,
N'ayant qu'à m'efforcer de redoubler de soins.

---

Le peuple Suédois croit que son origine
De l'ère de Noé serait toute voisine :
Car elle daterait du temps de Suénon,
Qui fut fils de Magog, et petit-fils, dit-on,
De Japhet. — A son fils Ubbon, l'on attribue
La gloire d'avoir fait Upsal, ville connue,
Comme antique chef-lieu des Etats Suédois,
Jusqu'à l'an seize cents*, résidence des Rois.
Si pareille donnée était chose certaine,
La Suède serait, pour nous, la plus ancienne,
Parmi les nations que l'on puisse citer.
Pour notre Europe, au moins, on n'en saurait douter.

---

Chaque barbare nom des Rois de la Suède,
Que, des plus anciens temps, aujourd'hui l'on possède,
Ne pourrait satisfaire aucunement l'esprit :
Il choquerait d'ailleurs l'oreille à peine dit.
Quelques-uns cependant, distingués dans l'histoire,
Sont tels qu'ils doivent tous passer à la mémoire.
Ce sont les noms brillants et les plus glorieux
De ceux qui, d'abord Rois, furent bientôt des dieux.

---

* Seize cents ans, après Jésus-Christ, Stockholm, fondée au XIIIe siècle, ne devint capitale qu'au XVIIe siècle. — Upsal l'était auparavant.

Odin fut le plus grand des guerriers Scandinaves.
Il se fit adorer des peuples ses esclaves,
Et dans ces temps frappés de superstition,
Gouverna ses sujets par la religion*.
Il sut faire monter au plus haut sa puissance
Et chaque Nation briguait son alliance.
Quand en Suède il vint, Gilphe, Roi, l'adora,
De sa soumission, à l'instant l'assura.
Les Suédois en foule, alors, sur son passage,
Firent de leur couronne, au** fils d'Odin, hommage.
Il la transmit depuis à sa postérité.
Odin fut, chose rare, une divinité.
On pense qu'il vivait cent ans avant notre ère
Et que son règne fut glorieux et prospère.

---

Son exemple tenta ses premiers successeurs ;
Ils voulurent, des dieux, recueillir les honneurs.
Ce n'était pas assez d'être Roi de barbares ,
Il leur fallait, pour eux, des hommages plus rares.

---

* La religion Sandinave.
** Du nom de Yugue.

Thor, fils aîné d'Odin, fut prince bienfaisant,
Sage, aimé de son peuple, et reçut en présent,
Place au milieu des dieux, que présidait son père.
C'est le dieu de la force et le dieu du tonnerre.
Il vaincra le serpent, grand emblème du mal :
Mais mourra du venin de ce monstre-animal.
Thor habite un asile où *peur* est inconnue,
Et son palais, au ciel, est d'immense étendue*.
A Thor est consacré notre jour de Jeudi**.
Dans son temps, comme on voit, Thor fut très applaudi.
On dit que le Lapon, le Lapon idolâtre,
Pour Thor conserve encore un culte opiniâtre.

---

* On compte, dans ce palais, 540 salles.

** Le jeudi était consacré à Thor. Le nom que porte encore actuellement ce jour dans quelques langues du Nord (en anglais Thursday) rappelle celui de Thor, (le jour de Thor).

Othen grand Conquérant, Chef des Magiciens,
Sut avoir place aussi près des Olympiens.
Dans la ville d'Upsal, sa statue érigée,
Des Suédois fervents, y fut assiégée,
Par vénération, fut l'oracle longtemps
De ses plus dévoués crédules habitants.

---

Ingo, qui le premier, de Roi porta le titre,
Des destins Suédois, fut souverain arbitre,
Egalement passa, du trône, sur l'autel.

---

Niord, prêtre d'idole, eut aussi place au ciel,
Après avoir régné très longtemps en Suède,
Il fut, à son décès, mis sans nul intermède,
Au nombre de ces dieux qu'il servait chaque jour.
De son peuple il reçut cette preuve d'amour.

---

Freyr, le fils de Niord, fut un dieu Scandinave,
Dans le ciel il avait l'occupation grave
De règler le soleil, la pluie et le beau temps,
De donner la fortune aux meilleurs combattants.
Ce fut un ancien Roi, l'un des Grands de la terre.
Dans Upsal il régna, comme y régnait son père.

---

Là je dois m'arrèter ; car trop nombreux seraient
Les Rois d'alors, faits dieux, qui se rencontreraient.

---

Le premier trait saillant, que nous offre l'histoire,
Bien pauvre pour le Nord, mais qu'ici l'on peut croire,
Est un tour de galant, véhément Chevalier,
Dont on aimait alors à se glorifier.

Sigtrud, fils de Niord, possédait la couronne,
Qui fut, après son frère, acquise à sa personne.
De son règne, on connaît ce fait uniquement,
Qui troubla le repos de son gouvernement.
Il avait une fille, aimable enchanteresse.
Gram, un Prince Danois, adorait la Princesse,
Mais obstacle survint, s'opposant à ses vœux.
Le père, sur un autre, avait jeté les yeux.
Gram, voyant que Sigtrud lui refusait, sa belle,
Furieux enleva la Noble Damoiselle.
Celui-ci révolté contre le ravisseur,
Arme et va consulter l'oracle, le meilleur,
Pour savoir le succès d'une telle aventure.
La réponse qu'il eut, fut prompte, nette et pure :

« L'or lui sera nuisible, et bien plus que le fer. »

L'oracle avait parlé, l'avis était très clair.
Mais le bon Roi Sigtrud ne sut pas le comprendre.
Sans doute, de son temps, l'or ne savait pas rendre,
Encore le service infaillible en ce cas.
Gram, amant séducteur, lui, ne l'ignorait pas.
Il se fit amener, à force de largesse,
Pour prisonnier Sigtrud, père de la Princesse,
Puis l'assomma, dit-on, avec le sceptre d'or,
Accomplissant l'oracle et doublement encor.

---

Regner, son successeur, Prince qu'une marâtre
Cherchait à remplacer, fut forcé d'être pâtre,
Oui, de garder, au loin, chaque jour, des troupeaux.

Il languissait privé de tous ses droits royaux,
Quand, voyant les malheurs d'un Prince fait pour plaire,
La fille* d'un des Rois des Danois, tout voisins,
Fit que Regner reprit ses glorieux destins.
Elle voulut le voir, lui faire une visite.
A son air de noblesse, elle sentit, de suite,
Qu'il était l'héritier du trône Suédois,
Lui fit prendre une épée et défendre ses droits.
Cette jeune Princesse, avec cette éloquence,
Que la grande beauté fait si belle science,

* Swanthuile, fille du Roi de Danemark.

Persuade Regner, le change entièrement
Et le retire enfin de l'engourdissement.
Ses droits bien reconnus lui gagnent les suffrages,
Des peuples mis d'accord, il reçoit les hommages,
Et partage son trône, à lui très bien acquis,
Avec cette Princesse, à ses charmes soumis.
Après avoir reçu, d'elle, noble existence,
D'elle encore il reçut, plein de reconnaissance,
L'art de régner en paix, rendant son peuple heureux,
Par sa douceur, ses soins, leur justice à tous deux.

---

Dans ces temps primitifs, des Suédois l'histoire
N'est qu'un simple récit de démêlés, sans gloire,
Entre eux et les Danois, leurs voisins ennemis,
Auxquels ils redoutaient toujours d'être soumis.

Ces peuples débataient, en affaire galante,
Par enlever aux Rois une fille charmante,
Celle qui leur plaisait, le plus suivant leurs goûts.
Les femmes, les Etats, ils les enlevaient tous
A la force du bras, la pointe de l'épée.
Leur existence, alors, n'était guère occupée
Qu'à signaler leur force et parfois leur pouvoir,
Par des crimes divers qu'on ne peut concevoir,
Par des traits surprenants d'effronté brigandage,
Souvent en écrasant une bête sauvage.
Les Princes, les Héros étaient ou des géants,
Ou des magiciens, plus ou moins malfaisants,
Ou des guerriers vainqueurs en toute circonstance,
Contre des ennemis, réduits par violence.
On ne connaissait pas justice, honnêteté :
La Vertu même encore était sans nom porté
Dans ce pays barbare, où force et véhémence
Seules décidaient tout, ainsi que cruauté.

Un Roi même aurait craint d'avoir terni sa vie,
S'il avait épousé femme qu'il n'eût ravie.
Un féroce animal qu'on tuait, le bravant,
Faisait un vrai Héros et même un dieu souvent.

L'ivrognerie alors était trop bien connue.
Fiolen, Roi Suédois, sans nulle retenue,
Buvait avec ses gens jusques à s'enivrer.
A cette passion aimait à se livrer.
Un soir même, il tomba, nous assure l'histoire,
Qui de ce trait d'ivrogne a conservé mémoire.
Il tomba ne pouvant discerner son chemin
Dans une immense* cuve, alors pleine de vin.
Sa Majesté mourut ainsi d'ivrognerie,
N'étant point, de ses gens, tous ivres-morts, suivie.

---

Il est peu de ces Rois, dont l'existence n'ait,
En singularités à fournir quelque trait.

L'un d'eux passant auprès de certaine caverne
Qu'habitait un serpent, non pas l'Hydre de Lerne,
Mais un magicien très redouté de tous,

---

* Il était sorti de table.

Repoussa les avis, que lui traitait de fous,
Par lesquels on voulait le rendre raisonnable,
En évitant d'entrer dans ce lieu redoutable.
Le Roi voulut braver la superstition.
Seul il entra. — De lui, l'on n'eut plus mention.

---

Un autre détroussait, d'une main très habile,
Les passants, voyageurs, revenant de la ville,
Et, pour se distinguer des plus simples voleurs,
Qui n'enlèvent souvent que bijoux et valeurs,
Lui se piquait d'avoir, sans possible remise,
Tout ce qu'on possédait, jusques à la chemise.

---

Vismur, ayant chassé sa femme, riche en biens,
Qu'elle avait apportés, garants de ses liens,
Partagea la couronne avec une maîtresse.
La Reine délaissée, appelle, en sa détresse,
Ses fils à la venger. Ceux-ci somment le Roi
De rendre sans délai, la dot suivant la loi.
Sur son refus, ses fils, qu'anime la colère,
Et qui ne cherchent plus qu'à défendre leur mère,
Font brûler le palais, où, sans plus de répit,
Au milieu de ce feu, le Monarque périt.

---

Sous le règne suivant, arrive une famine
La population y voit fureur divine.
Pour apaiser les dieux dans leur ressentiment,
Elle leur fait offrir, dès le premier moment,
Des animaux divers, en premiers sacrifices,
Des hommes, après eux, dons encor plus propices,
Enfin leur Souverain, pour leur extrême effort.
Ce Roi dut accepter un si malheureux sort.

---

Agnius revenant vainqueur de la Finlande,
Amenait avec lui, dit certaine légende,
La Princesse Schialva, qui d'otage servait.
Très vivement épris du charme qu'elle avait,
Le Prince l'épousa : mais bientôt la Princesse
Ne vit dans son époux, ne vit dans cette Altesse,
Qu'un amant très brutal et très passionné,
Redoutable pour elle, à ses yeux condamné.
Saisissant le moment du sommeil du Monarque,
De ses femmes aidée, et sans nulle remarque,
Elle pendit le Roi, promptement s'esquiva,
Et loin de ce pays, sûrement se sauva.

---

Je pourrais de la sorte aller bien loin encore,
Mais je fatiguerais un lecteur que j'honore.

---

En l'an huit cent vingt-neuf, on vit en ce pays,
Par le Christianisme, un grand bienfait acquis.
Pourtant, ce fut plus tard, presque deux siècles, même,
Que les Rois Suédois reçurent le baptême.

Olaüs, le premier, à ses peuples donna
Cet exemple puissant, qui bientôt amena
Civilisation, humanité, justice
Et rendit en Suède un éminent service.
En *Mil un* de notre ère, il fut le premier Roi
Dont l'histoire ait fourni date de sûr aloi.

Haquin avait déjà, vers l'an neuf cent cinquante,
Voulu changer le culte, affaire très pressante.
Il ne put obtenir, que, dans tous ses Etats,
On admit ce progrès, objet de grands débats.
Il y perdit la vie. — Olaüs plus habile
Baptisé* par Siegfrid, eut un sort plus facile.

---

* Il fut baptisé en l'an 1008.

Les vingt-cinq souverains du peuple Suédois,
Les Inge, Eric, Magnus, qui furent suivants Rois,
Ne nous offrent que faits non dignes de remarque.
De ces temps, on ne voit aucun puissant Monarque.

---

Nous arrivons enfin aux jours de Waldemar,
Où nous pouvons citer l'Union de (b) Calmar,
L'illustre Marguerite (a) et son glorieux règne.

---

Tel est le plus haut point que notre écrit atteigne.

---

(a) Le Règne de Marguerite de Waldemar, en 1389, la Sémiramis du Nord.

(b) L'union de Calmar proclama la réunion des trois couronnes de Suède, de Norvège et de Danemark sur la tête de Marguerite de Waldemar, en 1397.

# LE DANEMARK.

# TRADITIONS ANCIENNES

## LE DANEMARK.

Le plus immense honneur de la Scandinavie,
Ce qui doit illustrer ses grandes Nations,
Au plus haut au-dessus des populations,
Et dans le monde entier, dit l'immortel Génie,
Monsieur de Montesquieu, c'est qu'elles ont été,
La source faisant naître, en nous la liberté.
Liberté naturelle, à l'homme dévolue,
Celle qui, dans l'Europe, enfin nous est venue.
Elles ont su briser fers forgés au Midi,
Refouler l'esclavage, à présent interdi,
Détruire les tyrans, apprendre à tous les hommes,
Que Nature voulait, en les créant égaux,
Leur faire prendre part, en équitables sommes,
Au bien-être, aux bonheurs, justes fruits des travaux.

Les Danois font venir leur lointaine origine,
D'un des fils de Noë. — Même la font divine,
Leurs Scaldes inspirés, leurs premiers Ecrivains,
Par les âges suivants, nommés Historiens,
Qui, dans leurs fictions de Héros, de dieux, même,
Ont transformé l'Histoire, en merveilleux poème.
Odin, l'un de leurs Rois et des plus glorieux,
Par eux était nommé : Dieu le père des dieux.

---

Dan semble le premier, qui reçut la couronne,
Prince très belliqueux et guidé par Bellone :
Il eut titre de Roi. — Du Danemark, le nom,
A coup sûr, est venu de ce Prince, dit-on.

---

Dix siècles, avant Dan, ne fournissent mémoire
D'aucun fait pouvant être indiqué par l'Histoire,
De rien, que puisse offrir récit d'Historien ;
De Dan, lui-même, on n'a, de nos jours, presque rien.

---

Par un crime Lother, second fils de ce père,
Enleva la couronne à l'héritier, son frère,
Et régna quelque temps, avec sceptre de fer;
Mais le peuple opprimé, de sa liberté fier,
Sans retard se souilla du sang du Roi, son maître,
Prouvant, par tel forfait, que libre il voulait être.

---

*— 1000 ans avant notre ère. —*

Skiold, fils de Lother, dont seul il hérita,
Plus souple que ce Roi, sur le trône monta,
Près de mille ans, dit-on, avant l'ère chrétienne.

---

La race de Skiold, les Skioldungiens *,
Est la plus fabuleuse et la plus ancienne
Des Rois du Danemark, d'après Historiens.

* Skioldungiens, ancienne dynastie du Danemark, dont l'origine est fabuleuse, tire son nom de Skiold. Elle fut remplacée, en 1050 de notre ère, par celle des Esthrithides.

Après plus de mille ans, (depuis l'ère chrétienne,)
Une autre prit sa place. — Ici nous revenons
Au règne de Skiold. — Il fit grand son Royaume,
Passa l'Elbe et l'accrut de quelques Nations :
Mais, du sang de son peuple, il sut être économe.
Il le fit voir à tous, très noblement, un jour,
Dans un cas solennel, une cause d'amour.

Il aimait tendrement Alwide, jeune fille,
Dont la beauté, la grâce et la noble famille,
Autant que ses vertus, avaient fixé son cœur.
C'était une Germaine et fille d'un Seigneur.
Il voulut obtenir sa main par mariage ;
Mais un Prince Saxon, Skelt avait l'avantage
D'avoir déjà soumis sa proposition
A ce Seigneur Germain. En cette occasion,
Ces deux rivaux, alors, eurent la même idée :
Epargner, avant tout, le sang de leurs sujets,
Puisqu'étaient, seuls, en jeu, leurs propres intérêts.
Une rencontre armée, entre eux fut décidée,
Et tous deux, seulement, au combat prenant part,
Ayant d'un seul objet, leurs âmes animées,
Ensemble, bien armés, en vinrent, sans retard,
Aux mains, avec vaillance, en face des armées.

Skiold sut triompher du Saxon son rival
Et l'heureux Roi, ravi d'un bonheur sans égal,
Epouse son Alwide, heureuse, elle, de même,
D'avoir vu triompher, son Roi, le seul, qu'elle aime.

Rentré dans ses Etats, Skiold donna ses soins
A faire bien régner la justice en tous points,
La paix également. Enfin, en toutes choses,
Il sut être parfait, protéger bonnes causes,
Se faire aimer de tous. Il disait que l'argent
Etait part de soldat, avec lui partageant,
Tandis que les honneurs allaient, comme la gloire,
Toujours au général, remportant la victoire.

Ce fut donc un beau règne et surtout dans ces temps,
Où vertus brillaient peu, chez tous les combattants.

---

En fouillant dans les temps de cette Monarchie,
Obscure, fabuleuse, et sorte d'anarchie,
On trouve un Prince Hadding, dont la fille voulut
S'emparer promptement du trône de son père.

Elle fit un festin, où vint, à sa prière,
Hadding, bien prévenu du complot qu'il connut.
Il cacha ses soldats, qui, bien à point, surprirent
Les nombreux conjurés, qui, massacrés périrent.
Le bruit se répandit, cependant, que le Roi,
Dans cet affreux tumulte, avait perdu la vie,
Et le Roi de Suède, ami, saisi d'effroi,
Ne pouvant supporter, pour lui, triste survie,
Se noya, dès qu'il sut l'affreuse mort du Roi.
Hadding, de son côté, sachant la perte affreuse
De son cher allié, pour lui trop douloureuse,
Se donna, dans le cœur, coup de poignard mortel,

*— 800 ans avant notre ère. —*

Par un faux héroïsme, alors habituel,
Environ huit cents ans, avant l'ère Chrétienne ;

Civilisation, vous n'étiez encor Reine !

---

Un peu plus tard Hother, en la Norvège épris
De la fille du Roi, se trouva très surpris
D'avoir plusieurs rivaux, connus de la Princesse.

Il ne fallait pas moins, que prouver son adresse,
Par actions d'éclat, la bravoure surtout,
Pour mériter, alors, près des femmes, en tout,
De se voir accorder suprême préférence,
De l'emporter, enfin, en chaque circonstance.

Geldel, Prince Saxon, Balder, Seigneur Danois,
Combattirent Hother, qui vainqueur, chaque fois,
Obtint le cœur, la main de la Princesse aimée,
Sans qu'on en occupât jamais aucune armée.

---

Roric, son héritier, bientôt lui succéda
Et, du consentement, que le peuple accorda.
A peine sur le trône, au calme il ne fut guère,
Les Vandales venant lui déclarer la guerre.
L'un d'entre ces guerriers, d'une extrême grandeur,
Ayant, dans maints combats, toujours été vainqueur,
Et montré, chaque fois, force extraordinaire,
Au nom de son pays, vint défier le Roi.
Duel fut proposé, pour vider la querelle,
Que chacun des partis soutenait avec zèle,

Le Vandale aisément put imposer sa loi
Au premier adversaire osant lui tenir tête ;
Mais le Danois Ubbon terrassa le géant
Et, d'un coup, réduisit le Vandale à néant.
A la Cour de Ruric, ce fut très grande fête.

---

Cet ensemble de faits nous semble être assez fort
Pour indiquer les mœurs de ces peuples du Nord ;
Dans ces temps-là, régner, c'était toujours se battre ;
Les femmes excitaient les hommes à combattre.
Les armes à la main, un trône elles voulaient ;
Le succès, avant tout, sans cesse, elles cherchaient.
Les usurpations, mille forfaits atroces
Etaient légitimés par des succès féroces.
Tels furent ces Danois ; tel fut longtemps leur sort !

---

### — *L'an 111 avant notre ère* —

Enfin, en l'an cent onze, avant l'ère chrétienne,
Les Cimbres, les Teutons, (migration ancienne,)
Firent irruption, portant partout la mort,
La terreur, le carnage et la loi du plus fort.

Dan III régnait alors. La horde envahissante,
Malgré nobles efforts, resta toute puissante.
Le Danemark subit le sort le plus affreux.

---

*— An 70 avant notre ère —*

En l'an soixante-dix, toujours avant notre ère,
Le Danemark reçut l'invasion guerrière,
Dont le grand chef était Odin victorieux,
Des Scythes le seul Roi, conduisant son armée,
Jusqu'en Scandinavie, avec la renommée
D'un Héros bienfaisant. — Odin fut adoré,
Dans tout ce grand pays, comme un dieu révéré.
Odin fut le plus grand des guerriers Scandinaves;
Il se vit adoré des peuples ses esclaves,
Et, dans ces temps frappés de superstition,
Gouverna ses sujets, par la religion*.

Ses fils, leurs successeurs, en Danemark régnèrent;
Mais, de ces Rois, les noms, même ne nous restèrent.

---

* La religion Scandinave, dont les détails sont indiqués en même temps que tout ce qui concerne Odin, lui-même, dans les Traditions anciennes, de ce même livre, relatives à la Suède.

— *Au commencement de notre ère* —

Le seul règne à citer est celui de Frothon*,
Avec l'ère chrétienne, il commença dit-on.
Ce prince mérita, par ses vertus, sa gloire,
Que son nom respecté nous parvînt par l'Histoire.

Victoires, longue paix d'un règne grand et fort,
L'ont fait nommer, alors, l'Auguste Roi du Nord.

Pour contenir son peuple, encore très barbare,
Le vol fut poursuivi, qui, dès lors devint rare ;
On fit des Magistrats, répondant de tous dols
Et chargés d'empêcher absolument les vols**.

---

* Froton fut le troisième souverain de cette dynastie, dite des Skioldungiens.

** Pour contenir ses peuples naturellement portés au larcin, et leur imprimer la terreur, il fit attacher un voleur à une potence et un loup à côté de lui, de façon que l'animal pouvait le déchirer lorsqu'il voulait satisfaire sa faim. Frothon trouva le moyen d'exciter la vigilance des Magistrats, en les rendant responsables des vols commis dans leurs districts.

On exposa par ses ordres, des bracelets d'or à des colonnes sur les grands chemins, menaçant de toute sa colère les Juges qui laisseraient enlever le dépôt. Ils y apportèrent effectivement une si grande attention, que personne n'osa y toucher.

*Législateur du Nord*, il créa des lois sages
Et les Historiens lui rendent leurs hommages.

Ce Prince que l'Histoire aime à représenter,
Comme un Héros du temps, ce qu'il sut mériter,
Blessé par un taureau, mourut de sa blessure.
Mettant du merveilleux, dans si simple aventure,
On dit que l'animal était Magicien.
Voilà ce que nous cite un Poète ancien.

---

Le Prince Frothon, qu'on peut regarder comme le Législateur du Nord, a fait des règlements civils et militaires, que les Historiens nous ont conservés. Il ordonne que, dans les distributions des dépouilles, l'officier en ait la plus grande partie, que ce qui se trouve d'or parmi le butin, soit remis au général, et l'argent au soldat ; que ceux qui se sont le plus signalés dans les combats, aient les armes des vaincus, et que les vaisseaux pris à l'ennemi soient donnés au peuple.

Personne ne renfermera sous la clef ce qu'il possède, et si, en le laissant à découvert, quelque chose vient à se perdre, il lui sera rendu le double, pris dans le trésor royal. Celui qui cachera dans son coffre ou autrement, quelques-uns de ses effets, paiera au Roi, une livre d'or. Celui qui épargnera un voleur, sera puni comme complice.

Celui qui, dans le combat, prendra la fuite le premier, sera déclaré infâme. Celui qui sortira des rangs pour combattre devant le front de l'armée, sera affranchi, s'il est esclave, ennobli, s'il est de famille roturière, et gouverneur de Province, s'il est de famille noble.

Quiconque brigue un poste considérable dans les armées, doit en toute occasion, attaquer un ennemi, faire face à deux, ne reculer que d'un pas, si trois se présentent, et ne prendre la fuite que quand il en verra jusqu'à quatre venir à lui.

Fridlef, le fils du Roi, se trouvait en Russie,
Au moment où naquit cette péripétie.
Le bruit se répandant que ce Prince était mort,
Les Danois aussitôt, tous d'un commun accord,
Donnèrent la couronne, en suivant leurs usages,
A qui célèbrerait, en beaux vers les plus sages,
Le règne du défunt. Hiarn* charma si fort
Toute la Nation, par son art poétique,
Qu'il fut porté, de suite, au trône Monarchique.

A ce moment Fridlef revient dans son pays,
Et, reconnu des Grands, comme héritier et fils,
Ayant, seul, tous les droits, à porter la couronne,
Force Hiarn à combattre, à moins qu'il n'abandonne
Toutes prétentions : ce qu'il fit sans combats,
Prenant vite la fuite** et sans aucuns débats.

* Hiarn, Poète d'une naissance obscure.

** Hiarn, soutenu par le peuple qui préfère un Roi Poète, se présente à la tête d'une armée ; mais il prend la fuite et se retire dans une île déserte, où il reste ignoré.

A quelque temps de là, conservant l'espérance
De reprendre son trône, en montrant sa vaillance,
Il se déguise et met au service du Roi,
Où, sans le reconnaître, on lui donne l'emploi
De fabriquer le sel; mais reconnu bien vite
Et conduit au Monarque, à l'instant il l'invite
A se battre avec lui. « *J'y consens* », dit le Roi,
Ce Poète vaincu*, sans espoir de victoire,
Voulut, sans doute, avoir la poétique gloire
De mourir sous les coups d'une puissante main,
De lutter, en un mot, contre son souverain.
Nous rappelons ce fait, dont on garde mémoire :
Avec honneur on fit, dans l'île d'Hiarnon,
Enterrer ce Poète. Elle en porte le nom.

---

* L'ennui de la solitude et l'espérance de remonter sur le trône, l'en font sortir. Il se déguise et demande à entrer au service du Roi. On le reçoit au palais; et il est employé à faire du sel. Reconnu aussitôt et conduit devant le Prince, il lui propose de se battre.

J'y consens, répond Fridlef, qui, sur le champ fait apporter ses armes, et le Poète vaincu a du moins la gloire de mourir de la main d'un Roi. — On le fait enterrer avec honneur dans l'île même qui lui a servi de retraite, et qu'on appelle, encore, *Hiarnon,* du nom de ce Poète aventurier.

Malgré tous les malheurs des guerres incessantes,
Ces populations, sans cesse renaissantes,
Voulaient continûmant vaincre les Nations,
Faire le Danemark, de plus en plus, prospère,
Conquérir des Etats, non seulement par terre,
Mais en montrant, sur mer, hautes prétentions.
On les vit se livrer à la piraterie,
Ecole de Marins, intrépides, hardis,
Par de premiers succès, chaque jour, enhardis.
Tous riches bâtiments, parcourant la Baltique,
Subirent forcément leur pouvoir tyrannique.
Leurs actes de brigands atteignirent bientôt
Les côtes d'Angleterre et l'Ecosse au plus tôt.

Pendant long intervalle, et la fable et l'histoire
Ne nous apprennent rien, aucun renseignement
Sur ce qu'en Danemark, fut le Gouvernement,
Furent les actions, méritant quelque gloire :
Des noms, même des Rois, l'on n'a nulle mémoire.

Le Danois a conquis tout pouvoir sur les flots,
Errant de mer en mer et moins Roi que pirate,
Le seul titre de Roi n'est pas ce qui le flatte,
Etre Ecumeur de mers plaît mieux aux matelots.

Le butin, la fortune est tout ce qu'il désire ;
Il n'a même connu jamais le nom de Sire.
Il est plus glorieux de régner, sur les eaux,
D'affronter des périls, conjurés par adresse,
Et d'amasser, ainsi, trésors de toute espèce !

La France a très souffert, elle aussi, bien des fois,

*— De 814 à 840 —*

De mille exactions des pirates Danois.
Regnier, qui, sous Louis, (Louis le débonnaire,)
Remplit de ses exploits l'Europe tout entière,
Un jour surprend Rouen, pille même Paris ;
Mais, redoutant, alors, de se trouver surpris,
Au plus vite, il en part, en donnant la promesse
De ne plus revenir ; et Paris acquiesse !
Il passe en Angleterre, où bientôt il est * pris.

---

* Il est pris par Ella, souverain d'une partie de cette ile, et périt de la morsure des serpents, dont on avait, dit-on, rempli sa prison.

— *An 826* —

En l'an huit cent vingt-six, vint le christianisme,
Qui d'Odin, renversant l'orgueilleux fanatisme,
Eclaira les esprits, et, dans la Nation,
Fit sentir les bienfaits de *La Religion*.
Il fit abandonner cette piraterie,
Que, dès lors, remplaça, la pêche, l'industrie,
La culture du sol. Ce fut l'évêque * Ebbon
Qui convertit le Roi, dont on ne dit le nom,
La Reine également, les baptisa, lui-même,
Ainsi que les Seigneurs, avecque pompe extrême.

---

— *Ans 846 à 863* —

L'Evangile ne fit, encore, grands progrès,
Que sous le Prince Eric, assurant son succès,
Protégeant les Chrétiens, le Clergé, la Patrie,
Seule gloire pour lui : mais que rien n'a ternie.

---

* Ebbon, évêque de Reims.

— *An 1013* —

Jusqu'en l'an mille treize, où lors de son début,
Suénon, Roi Danois, dans l'Histoire parut,
Devint Roi d'Angleterre et monta sur le trône,
On ne découvre rien, qu'on dise, blâme, ou prône ;
Et nous en arrivons aux jours de Waldemar,

— *An 1380* —

ù nous devons citer l'union de Calmar,
'illustre Marguerite* en son beau temps de gloire ;
ù nous terminerons cette ancienne Histoire.

* Voir la fin de l'Histoire de la Suède, dans ce même volume, ainsi
ue la fin de l'Histoire d'Angleterre.

# LA CHINE

# TRADITIONS ANCIENNES

## LA CHINE

Des plaines de Sinhar, ou de Babylonie,
Les descendants de Sem, en troupe très unie,
Allèrent rechercher, dans l'extrême Orient,
Un établissement, pour eux, plus souriant.
C'est aux enfants de Sem, que l'Empire de Chine,
Sans aucun doute doit sa lointaine origine.

Tous les savants Chinois, sans être ambitieux,
Remontent, bien d'accord, en calculs sérieux,
De cette nation, le premier cycle antique,
Pour elle, le début de l'époque Historique,

— *An 2637* —

A deux mil six cents ans, avecque trente-sept,
Avant l'ère chrétienne, en calcul juste, net.

En homme très exact, rimant sans fantaisie,
Je ne pourrai jamais faire de poésie.

— *An 2637*

Deux mil six cent trente ans, plus sept bien calculés,
Avec trois cent seize ans, pour les temps appelés
Très vagues, incertains, non encore historiques,

— *2953 avant l'ère chrétienne* —

Portent à trois mille ans, (perdant quarante sept,)
Le règne de Fo-Hi, très habile, en effet,
Qui fonda cet Empire, aux temps presque authentique.

De plus, en Chine, on place, avant ces jours douteux,
Des siècles, en grand nombre, appelés merveilleux.

---

## ÉPOQUE D'ANTIQUITÉ MERVEILLEUSE.

---

Parmi les nations, celle dont la naissance
Prit sa source au plus loin, dans l'humaine existence,
C'est la Chine, à coup sûr. — Elle fit grands progrès
Et marcha promptement de succès en succès.
Voulant bien retracer sa lointaine origine,
Faire connaître ainsi, pour l'Empire de Chine,
Et ses Historiens et ses traditions,
Dès ce commencement, au plus loin nous irons,
En remontant, comme eux, bien avant le déluge,
Puisque l'Histoire doit être souverain juge.
Nous atteindrons le temps où la Création,
En était, dans ce monde, à sa formation,
Que semblait diriger l'Empereur de la Chine,
Ayant, à ce travail, sa part toute divine.

---

Un peuple qui respecte ainsi ses Empereurs,
Ne peut que s'élever à d'immenses hauteurs.
Odin fut adoré, dans la Scandinavie ;
De même, en Chine, on voit confiance infinie,
Respect, obéissance envers tous Empereurs,
Grands hommages rendus aux mortels les meilleurs,
Des morts pieusement les gloires révérées,
Justice, activité partout très honorées.
Admirons, aujourd'hui, ce fait très glorieux,
Autant que pour la Chine, il semble merveilleux ;
On remarque, au plus loin, que mission divine
Etait attribuée au Souverain, en Chine.
Nous le verrons ici, par les Historiens,
Leurs récits sérieux, et les plus anciens.

---

Pan-Kou, (premier cahos) paraît à l'origine.
Entre cet Empereur et Confucius mort*,
Comptant par millions d'ans, l'intervalle est si fort,
Qu'il irait, depuis *deux*, jusqu'à *quatre-vingt-seize*,
Nombre en tout merveilleux et de pure hypothèse.

---

* Confucius mourut en 475, avant notre ère.

Comme les Indiens avaient fait pour Menou,
On attribue, en Chine, au premier né Pan-Kou,
Une puissance immense et même créatrice,
Certes bien au-dessus de la législatrice.
On l'appelait *Yuchi.* (« Du monde, ordonnateur. »)
Une tradition dit que cet Empereur
Parvint à séparer et le ciel et la terre ;
Une autre : qu'après fin de cette œuvre dernière,
Pan-Kou, leur Souverain parut au milieu d'eux.
Après lui sont cités trois règnes merveilleux :
*Dépendance** *du ciel* se compte la première,
*De la terre*, en second, et de *l'homme***, dernière.

---

* Dépendance, *Souveraineté.*

** Tien hoang, Thi hoang, Jin hoang.

Un Ecrivain Chinois a fait, de tout ce temps,
Douze conjonctions, de dix mil huit cents ans : *
*Formation du ** Ciel ; de la terre de même ;*
*De tous êtres et l'homme*, en l'époque troisième. ***

---

Viennent, après ceux-ci, dix Ki****, grands laps de temps
Où règnent, très nombreux singuliers personnages,
Ayant corps variés et différents visages,
Une figure humaine et corps de grands serpents.
Ces hommes demeuraient dans de sombres cavernes,
Ou se perchaient sur arbre, en nids abris externes,
Ils montaient cerfs ailés et même des dragons.

---

* Lesquelles comprennent aussi la destruction des choses.

** Qui se fit successivement par le mouvement que le Grand Faîte ou l'être primordial imprima à la matière, auparavant dans un parfait repos.

*** Ce système sort de l'Histoire et de l'antiquité chinoise que nous cherchons à connaître ; mais il y rentre cependant sous le point de vue de la conception populaire de l'origine et de la durée des choses, qui est si intimement liée aux origines chinoises traditionnelles.

Les Traditions qui placent les trois grandes dépendances, les trois souverainetés, les trois grands règnes ci-dessus nommés *Hoang*, les trois Auguste, en tête de l'Histoire Chinoise, donnent aux êtres revêtus de ces pouvoirs, des formes différentes de l'humanité actuelle. Les premiers avaient *le corps de serpent* ; les seconds, *le visage de fille*, *la tête de dragon*, *le corps de serpent et les pieds de cheval* ; les troisièmes avaient le *visage d'homme* et le corps de dragon, ou serpent.

**** Ki, dix grandes périodes de temps, appelées *Ki*.

De ces grands laps de temps, les six premiers* sont [longs.

---

Jusqu'au Huitième Ki, beaucoup de Rois régnèrent
Et successivement, à la fin, assurèrent
Cet empire de l'homme et son règne, surtout,
Sur la nature entière, à lui soumise en tout.
Civilisation on vit, dès ce temps, naître
Et le pouvoir de l'homme ainsi vint à paraître.
Les hommes n'étaient plus, en cavernes, logés,
Leurs soins et leurs travaux étaient mieux ménagés.

---

Dans le commencement de l'époque huitième,
Qui vit se succéder *trois Rois,* en ce temps même,
Ces Souverains avaient des chars bien attelés
De six beaux animaux, Licornes** appelés.
Les hommes se couvraient de vêtements faits d'herbes,
Bien éloignés de ceux qu'ils ont rendus superbes.

---

* Ils durèrent, selon les uns, ensemble un million cent mille sept cent cinquante années, et, selon d'autres, quatre-vingt-dix mille seulement.

** Licornes ailées.

Les bêtes, les serpents étaient alors nombreux :
Les peuples inondés étaient très malheureux.
De peaux se vêtissant, des vents ils s'abritèrent.
Pour éviter le froid, bien mieux ils s'habillèrent.

Un Philosophe dit, que, dans ces premiers temps,
Les animaux étaient, et surtout les serpents,
Si nombreux en tous points, que les hommes, très rares,
Et naturellement, de leur sang très avares,
Luttaient pour les chasser ; mais sans de sûrs moyens.
Un autre dit aussi que les hommes anciens,
Sur des arbres perchés, ou logés en cavernes,
Possédaient l'univers, bien mieux que les modernes.
Ils vivaient très unis, formaient société,
Avec tout être même. — En réciprocité,
Ne faisant aucun mal à nulle forte bête,
Celle-ci ne songeait jamais à tenir tête.
Dans les siècles suivants, on fut trop éclairé,
Ce qui fit l'animal méchant, désespéré.
Armé d'ongles, de dents, ou de serres cruelles,
Vite il attaqua l'homme, avec chances plus belles.

Cela donna naissance aux cabanes en bois,
Aux maisons, aux moyens d'imposer rudes lois
A tout être voulant à l'homme nuire encore.
De ces constructions, ce temps lointain s'honore.

---

Le Chinois attribue au premier Empereur,
En l'époque neuvième, un très brillant honneur
Qui fut l'invention des premiers caractères,
Pour l'art, l'impression, puissants auxiliaires.
Il se nommait Tsang-Kic et son portrait était :
« Front de dragons, quatre* yeux, dont vif éclat sortait. »
Ce Prince était doué de très grande sagesse.
De son temps commença la différence expresse
Entre le simple peuple et le Roi son Seigneur.
Il parut quelques lois, pour l'ordre, le bonheur.
La musique, dit-on, fut alors cultivée.
Au crime on appliqua peine bien motivée.

Pour la première fois, un bon gouvernement
En Chine fut formé, lors de l'avènement
Du quatrième Roi de cette période.
Ici l'Historien nous fournit épisode,
Qui convenait fort bien à ces commencements :

* Et la bouche très grande.

Présages très heureux furent vus en ce temps.
Il parut cinq dragons, de couleurs très prisées :
Le Ciel fournit alors de très douces rosées :
La terre produisit des sources de nectar ;
La lune et le soleil brillaient avec plus d'art :
Les planètes toujours, suivant leur même route,
Avec ordre, marchaient, sous la céleste voûte.

Du sixième Empereur * de ce neuvième temps,
On cite ce que dit ** un des anciens savants :
« Ce que l'homme connaît par toute sa science,
« N'est rien de comparable à sa propre ignorance. »
Axiome aussi vrai, sûrement, de nos jours,
Que, sur la terre il fut et le sera toujours.

Au septième Empereur, on doit, dit la chronique,
L'invention des chars, la monnaie authentique,
(En cuivre à son début), la balance et les poids,
Pour assurer, en tout, l'obéissance aux lois.

---

* Du sixième Empereur de cette même *neuvième période*, bien entendu.

** Un ancien *Philosophe Chinois*.

Sous le règne douzième, on combattit les bêtes,
En coupant, dans les bois, lances, armes parfaites.
On ne voyait partout que de vastes forêts ;
Mais, pour la lutte, alors, les hommes étaient prêts.

Au temps de l'Empereur, compté le quatorzième,
Des vents divers étant de violence extrême,
Les saisons, tout à fait, en grand dérangement,
L'excellent Empereur donne commandement,
A Ssé-Koueï, de faire une bonne guitare,
A cinq cordes en tout, afin qu'elle répare,
Par ses sons enchanteurs, un tel dérèglement.

Nous arrivons au temps de l'Empereur quinzième,
Où les eaux ne pouvaient librement couler même,
Ce qui donna naissance à quantité de maux.
L'Empereur ne pouvant faire écouler les eaux,
Ordonna les Ta-Zou, très sautillantes danses,
Ayant, pour l'hygiène, avantages immenses,
Ceux d'agiter le corps, remuer les humeurs,
Etre, contre tous maux, remèdes des meilleurs.

Nous en sommes enfin à l'Empereur seizième,
Le monde était alors peuplé jusqu'à l'extrême.
Partout, d'un point à l'autre on entendait, très bien.
Le chant de tous les coqs, comme la voix du chien.
Les hommes atteignaient à l'extrême vieillesse,
Sans avoir grand commerce, entre eux, dès leur jeunesse.

---

# TEMPS DOUTEUX, INCERTAINS, NON ENCORE HISTORIQUES

## FO-HI

### PREMIER EMPEREUR DE LA CHINE

— *2953 avant notre ère* —

La Nation Chinoise, avec ses Ecrivains,
S'accordent sur ce point, que, pour temps incertains,
Après temps fabuleux, mais avant toute Histoire,
Fo-Hi certainement a la plus grande gloire
D'être, en Chine et partout, nommé son Fondateur.
Tel est le nom acquis par ce grand Empereur.

— *An 2953* —

A dater de ce jour, ce temps douteux extrême
Comprend * avec Fo-Hi, Chin-Nong son successeur,
Plus, soixante et un ans d'Hoang-Ti, le troisième.

---

* Les plus habiles Ecrivains de la Chine portent la durée de ces temps incertains à 316 années.

Suivant l'ordre donné par l'Empereur lui-même*.

— *An 1769* —

En dix sept cent soixante, avec encore un neuf,
La date historique est, en fait qui n'est pas neuf,
Sauf à retrancher trois, deux mil six cent quarante.

— *An 2637* —

C'est bien, avant notre ère, une date importante**
Cette époque, en effet, est le commencement
Du Cycle des Chinois, qu'on suit exactement.

Des seuls temps *incertains*, on fixe la durée
A trois cent seize ans, juste, admise et bien chiffrée.

Fo-Hi vivait au temps d'Héber et de Réhu,
Trisaïeul d'Abraham. — Tel est notre aperçu.

---

* L'Empereur Kien-long, en 1769 de notre ère.

** Si l'on ajoute à ces 2637 ans, les 316 ans comptés, pour les temps incertains, on arrive à placer le règne de Fo-Hi à 2953, avant notre ère.

A de très grands détails il ne faut pas s'attendre,
Quand on ne peut, ici qu'avec peine entreprendre
De rechercher des faits de telle antiquité.

L'Histoire ne dit rien, avec autorité,
Du père de Fo-hi. Moa-Sin fut sa mère.
C'est un nom qu'en tous points, à la Chine on révère.
Ce prince vit le jour, nous dit-on, à Tching-hi,
Ville de la province, ayant pour nom*, Chen-Si.
Il devint Empereur, à ses vingt-quatre ans d'âge;
Mais quelques Ecrivains en comptent davantage,
Quatre-vingt-seize, au moins, âge de l'homme mûr.
Ce premier point est donc, en effet, très obscur.

Les deux sexes étaient, sous vêtements semblables,
En Chine confondus; Fo-hi fit lois durables,
Pour les bien distinguer. — On les suivit toujours;
Elles sont en honneur, encore de nos jours.
Le mariage fut base fondamentale
De la société, l'union sociale ;
Il en détermina la constitution,
Et, pour le valider, la juridiction.

---

* Aujourd'hui Thing-tcheou, ville de second ordre dans le ressort de Cong-tchang.

Il divisa son peuple en cent parts ou familles.
A chacune, donnant, comme un père à ses filles,
Un nom particulier. Ensuite il ordonna
Que chaque homme eût le choix, que nul autre être n'a,
Pour chercher son épouse et pour vivre avec elle.
Observant, toutefois, loi très essentielle,
De ne se marier qu'avec femme d'un nom
Tout différent du sien. Cet usage, en renom,
S'est conservé depuis, en tous points, à la Chine.
Où l'on observe encor cette règle divine,
En gardant, en l'Empire, avec soin, les cent noms,
Qui furent de Fo-Hi, cent transmissibles dons,
Au milieu des cinq cents que l'on compte en l'Empire,
Dans nos temps, où ce nombre, à peine peut suffire.

---

Fo-hi voulant connaître et sauver son pays
De tous les animaux dangereux, insoumis,
Fit mettre en feu les bois, et l'on vit que les terres,
Se résolvaient en fer, découvertes premières.
Ce fer fut recueilli, pour armes javelots,
Pour apprendre à chasser sauvages animaux,
Pour se défendre enfin, avec plus de courage,
Contre ceux ayant eu jusqu'alors l'avantage.

Les filets, pour la pêche, apparurent aussi,
Et les premiers troupeaux, dus aussi à Fo-hi.

Ce fut lui qui trouva la savante manière,
De plier au travail, de façon singulière,
Les animaux pouvant être dressés à tout.

Cependant nombreux peuple, alors prenant partout
Rapide accroissement, il devint nécessaire
D'élargir le pays, la demeure première.
Son Chef s'avança donc vers l'Est et découvrit
Tout le pays Chan-tong, que jusqu'en mer il prit,
A ses sujets donna pour ample résidence.
Il fit même bâtir avec succès immense,
La ville de Tchin-tou, que l'on voit aujourd'hui,
Dans ce charmant pays, vrai don du Ciel, pour lui.

Frappé de la grandeur, de la magnificence,
Des cieux, de cette terre et de ce qu'il voyait,
De ce que la nature à ses yeux étalait,
Fo-Hi vit, reconnut, partout, l'Etre suprême,

Lui voua, dès ce jour, sa dépendance extrême,
Institua pour Lui, sacrifices pieux,
Ordonna que, toujours, on nourrit, sous ses yeux,
Des animaux de choix, pour servir de victimes.

Législateur doué de mérites sublimes,
Ce sage Prince acquit cette conviction
Que l'homme avait besoin d'une distraction,
De grands délassements dans ses travaux extrêmes.
Il imagina donc par études suprêmes,
De créer la musique. Il fit deux instruments,
Deux lyres : *Kin** et *Ché*, dès leurs premiers moments,
Conservés avec soin, telles que deux merveilles,
Réussissant, au mieux, à charmer les oreilles ;
En Chine on a toujours ces mêmes instruments.

* Le premier, monté de vingt-cinq cordes, et le second de trente-six. L'usage de ces instruments s'est conservé, et ils font encore aujourd'hui les délices des oreilles chinoises.

L'écriture*, en ce temps, n'existait pas encore
Et son invention, certes au plus honore
Le règne de Fo-hi, si grand, si sage et long,
En même temps qu'il fut, en tous points très fécond.

Profond observateur de tous les phénomènes,
Que présente le ciel, il eut succès extrêmes.
Des grands célestes corps, suivant les mouvements,
En savant, il donna la mesure du temps,

* L'écriture n'existait pas encore ; on n'avait, pour y suppléer, que le secours de quelques nœuds formés sur des cordelettes, moyens bien imparfaits pour fixer la pensée, la transmettre et la répandre. Fo-hi, qui avait à instruire son peuple sur la religion, la morale, l'ordre physique de la nature, jugea ces signes insuffisants ; il inventa les huit *Koua*. Pour donner plus d'autorité à ses institutions, comme l'ont fait plusieurs législateurs venus longtemps après lui, il les accompagna de quelques circonstances merveilleuses ; il supposa que, par une faveur du ciel, il avait vu sortir du milieu des eaux d'un fleuve, un cheval-dragon et une tortue extraordinaire, sur le dos desquels étaient tracées des lignes mystérieuses, espèce de caractères qui fixèrent toute son attention ; qu'il les étudia, et découvrit enfin, dans leur combinaison, l'art de communiquer les pensées par des signes qui peuvent les représenter. Les éléments des *Koua* de Fo-hi se réduisaient à deux lignes horizontales, l'une entière, l'autre brisée. Il en forma huit trigrammes, lesquels, combinés dans la suite par six, au lieu de trois, donnèrent soixante-quatre combinaisons différentes, — Voir : Mémoires concernant *l'Histoire, les sciences, les arts, les mœurs*, etc., des Chinois, par les Missionnaires de Pékin, tome second, pages 17, etc., planche *1*, *2*, etc. 1777, Paris.

Fit un calendrier, habile, populaire,
Apprenant à régler le temps, en toute affaire
Et, pour les grands travaux, utile à tous moments.

On compte pour Fo-hi, règne de cent quinze ans.
Il mourut à Tchin-tou, ville où chacun honore
La mémoire du Prince, à tous présente encore.
Aujourd'hui, son tombeau, de cyprès entouré,
Par le peuple chinois, est au plus vénéré.

---

# CHIN-NONG

## LE SECOND EMPEREUR

— *An 2838 avant notre ère* —

Chin-Nong, après Fo-Hi, Fondateur de la Chine,
Fut second * Empereur, étant, dès l'origine,
Le Conseil et l'ami de son prédécesseur
Et très heureusement on lui fit cet honneur ;
On n'eut qu'à s'applaudir de l'avoir pris pour maître.
Dès son avènement, grand bienfait il fit naître.
Il découvrit le blé, précieux aliment,
Devenu nécessaire, en Chine, immensément ;
Alors que ses sujets, augmentant chaque année,
N'avaient, pour se nourrir, que ressource bornée
A la chasse, à la pêche, aux végétaux, aux fruits,
Presque spontanément, par la terre fournis.

* Le second des neuf Empereurs qui précédèrent l'établissement des dynasties.

La chair des animaux n'était pas suffisante.
La culture du blé, ressource bienfaisante,
Produisit un grand bien, jusqu'alors inconnu.
Chin-Nong, par ses travaux, eut vite, aussi, connu
Le riz, le mil, les pois et le gros blé, de même,
Ce qui, pour ses sujets, fut un service extrême.
De très vastes terrains, avec soins défrichés,
D'insalubres marais, à propos desséchés,
Firent, avec succès, dus à bonne culture,
Multiplier, en grand, les dons de la nature,
Assainir le pays, l'enrichir de ces dons.

Ce Prince encouragé par des succès très prompts,
Fit des inventions d'instruments aratoires;
La charrue est du nombre et l'une de ses gloires;
Elle porte son nom, et reste, de nos temps,
Encore en grande estime, aux gens bien compétents.

Pour le commerce il fit de grands marchés d'affaires,
Il en fixa les lieux, les règles nécessaires.

De Chin-Nong on reçut remèdes végétaux*
Et l'*Herbier de Chin-Nong* est un de ses travaux.

La Chine n'avait pas, encore, vu de guerre;
Ce peuple bienveillant, sobre et de vie austère,
Ne vivait point armé, toujours prêt aux combats;
Il savait éviter querelles et débats.
Sous ce règne, pourtant, il surgit une guerre.
Le Prince ayant paru moins actif, moins soigneux,
Les Seigneurs** révoltés et très ambitieux

* On dut à Chin-Nong les premiers médicaments empruntés des végétaux. Il ne pouvait se persuader que le Souverain maître du Ciel, qui prodiguait si libéralement la nourriture à l'homme, ne lui eût pas préparé, dans cette foule innombrable de plantes, qui couvrent la terre, quelques secours contre les maladies. Plein de cette idée, il étudia la nature des simples ; il en exprima les sucs, en compara les saveurs, employa l'eau et le feu pour démêler leurs principes, et à l'aide de ces nombreuses expériences, il parvint à déterminer plusieurs de leurs propriétés médicales. Dans le cours de cette étude des plantes, il eut soin d'en recueillir une de chaque espèce et de la décrire, et il en forma une sorte d'histoire naturelle qu'on connaît sous le nom d'*Herbier de Chin-Nong*, monument précieux qu'on lui attribue et qui subsiste encore.

** Le plus puissant d'entre eux était Souan-Yuen, qui fut, depuis, le célèbre Huang-ti. Convoqués par lui, les principaux gouverneurs s'assemblèrent et engagèrent Chin-Nong à se démettre de l'Empire; mais ce Prince ne put y renoncer et leva des troupes, qu'il fit marcher contre Souan-Yuen. Celui-ci rassemble les siennes et celles des autres gouverneurs qui suivaient son parti. Les deux armées se rencontrèrent; mais

Invitèrent Chin-Nong à remettre l'Empire.
Celui-ci ne voulant, à cette loi, souscrire,
Leva vite une armée, opposée aux soldats,
Que les seigneurs, aussi, tenaient prêts aux combats.
Pour la première fois, voici guerre allumée,
Où succomba Chin-nong, malgré sa renommée.
Défait, il en mourut* bientôt de son chagrin,

— *An 2699* —

En l'an deux mil sept cents, moins un, nombre certain.

Le peuple déféra, sans longue intermittence,
Au vainqueur Hoang-ti**, la suprême puissance.

---

l'armée impériale fut obligée de prendre la fuite. La nouvelle de cette défaite accabla le malheureux Chin-Nong qui succomba sous le poids de sa douleur et mourut peu de jours après, l'an 2699, avant l'ère chrétienne.

* Ce prince était contemporain de Menès, premier Roi d'Egypte.

** Le peuple, après la mort de Chin-nong, déféra la puissance souveraine à Souan-Yuen, et le proclama Empereur, sous le nom de Hoang-ti.

# HOANG-TI

## TROISIÈME EMPEREUR

— *An 2698* —

Il monta sur le trône acquis sans contredit,
En l'an deux mil six cents, plus quatre-vingt-dix-huit,
Avant l'ère chrétienne. Il avait onze ans d'âge,
Etait fils de Foupas, Princesse aimable et sage,
De première famille, en ce temps au pouvoir.
Tous les grands de l'Etat furent heureux de voir
Cet Empereur nommé par leur haute influence,
Recevoir, de leurs mains, la suprême puissance.
Il fixa son palais à Tcho-Tcheon, près Pé-Kin ;
Il dédia de suite, au Seigneur* Souverain,
Un temple qu'il créa, fit construire lui-même,

* Au Chang-ti, Seigneur suprême.

Hoang-ti n'avait que onze ans lorsque les grands de l'Etat le choisirent pour leur chef. Il fixa sa résidence à Tcho-Tcheon, dans la province de Pé-Kin. Il y fit construire un temple dédié à Chang-ti, c'est-à-dire, au Seigneur.

(Voir les récits relatifs à ce règne, que nous ont transmis les P.P. Premaire et Mailla).

Afin de rendre hommage au créateur suprême ;
Mais il faisait, au loin, suivant l'ordre établi,
Sacrifice observé, par chacun, sans oubli.

Contre un conspirateur*, il eut à se défendre ;
Il le battit deux fois, pour qu'il n'eût qu'à se rendre.

La boussole en ce temps fut une invention,
Causant, dès le début, pleine admiration.

Il s'occupa de suite à policer l'Empire
Il divisa son peuple, ainsi qu'on peut le dire :
Il forma des tribus**, aux diverses couleurs,
En réservant le jaune aux cours des Empereurs.
Hoang-ti signifie un Roi souverain jaune.
Cette couleur, en Chine, est affectée au trône.

De ses Etats entiers, il fit dix portions,
Chacune contenant dix *tou* : c'est dix cantons ;

---

* Contre Tchi-Yeou, Prince de la race de Chin-nong.

** Dix classes ou tribus qu'il distingua par les couleurs.

Chaque canton avait également dix villes,
Agglomérations de nombreux domiciles,
De places, de palais faits tous élégamment,
Sur tracés combinés et réglés sagement.
En chaque ville étaient cinq Li*, pour toutes rues,
Ceux-ci déterminés suivant règles reçues.
On a depuis ce jour, fait des divisions,
Subdivisions, même, ainsi que les voyons,
Modèles réguliers, admirable système,
Qui, pour l'ordre, résout un important problème.

A Ta-nao** l'on doit *cycle* de soixante ans,
Par lequel, à la Chine, on compte encor le temps.
Astronome savant fut Hoang-ti lui-même.

* Chaque ville était formée de cinq Li, ou rues.

** Ce fut sous le règne de Hoang-ti que l'astronome Ta-nao imagina le *cycle*, ou période de soixante ans, par lequel on compte encore à la Chine.

Ce qui est plus important à remarquer, c'est que la série de ces périodes est fixée, par les meilleurs chronologistes, à la LXIe année du règne de Hoang-ti, c'est-à-dire, suivant le calcul le plus accrédité, à l'an 2637 avant notre ère, et d'après l'ordre de l'Empereur Kien-long, en 1769, comme nous l'avons dit, au règne de Fo-hi.

# DATE DE L'ÈRE HISTORIQUE.

*— An 2637 —*

Sous ce règne l'on fit des armes en progrès,
Pour se défendre mieux, véritable succès.

On fit fondre, dit-on douze cloches en cuivre,
Représentant, en fait, douze lunes à suivre
Et dont on se servit pour marquer les saisons,
Les heures et les mois, par des combinaisons.

On découvre, en ce temps, l'octave, en la musique,
Au moyen d'instruments* où beaucoup d'art s'applique.

---

* On avait fait un instrument composé de douze chalumeaux de différentes grandeurs, et cette idée conduisit à la découverte del 'octave.

Hoang-ti désira, lorsqu'il devint âgé,
Par de graves travaux, surtout trop surchargé,
Créer, pour son repos, Conseil de six Ministres,
Pouvant bien prévenir aventures sinistres.
Avec eux, en effet, il calma, plusieurs fois,
Des révoltes, en grand, contre ses sages lois
Et put continuer, par ses soins, à suffire,
Pour assurer encor le bonheur de l'Empire.

Ce prince rechercha tous les faits principaux,
Qui, par la maladie, ont causé tant de maux.
Il voulut les détruire, et, soupçonnant les causes,
Fit un très bon traité, remède à bien des choses.

Hoang-ti parvenu, dit-on, à cent onze ans,

— *An 2577* —

Mourut*, ayant produit tous actes bienfaisants.

---

* Il mourut, en l'an 2577 avant notre ère, au midi de la montagne de King-Chan, dans le Ho-nan, où il fut inhumé.

Il laissa* vingt-cinq fils, une famille entière ;
Chao-Hao naquit de la première mère,
Dont le nom Louï-tsen, en vénération**,
Est encore à la Chine, où son invention
De l'art des vers à soie a porté cette Reine,
Jusqu'au rang dépassant celui de Souveraine,
Celui d'*Esprit des Arts, des vers à soie*, *aussi*,
Qu'encore, en ce moment chacun appelle ainsi.

---

* Il laissa vingt-cinq fils de quatre femmes.

** Ce fut cette princesse qui enseigna l'art d'élever les vers à soie et d'employer la matière des cocons à fabriquer des étoffes. Cette invention, qu'on doit peut-être mettre à côté de celles qu'on attribue au Prince son époux, a valu à Louï-tsen d'être placée au rang des divinités sous le nom d'*Esprit des Métiers et des vers à soie*.

# CHAO-HAO

## QUATRIÈME EMPEREUR

---

### — *An 2598* —

Ce Prince, à ses débuts, donna des espérances,
Qui restèrent bientôt sans grandes conséquences.
Ce n'est pas qu'il manquât de nombreuses vertus ;
Il était doux, affable, humain comme Titus ;
Mais il était privé de ferme, actif génie,
De ce qu'il faut avoir, pour consacrer sa vie
A vaincre le désordre, à résister partout,
Aux ennemis du bien, de la vertu surtout,
Sans faiblesse, sans crainte, ainsi que fit son père.
Sa faiblesse fut telle, en importante affaire,
Qu'il laissa s'accomplir, se passer sous ses yeux,
Des changements du culte, ancien, Religieux.
De fâcheux novateurs firent de la magie
Effrayèrent le peuple et troublèrent sa vie.
Aux *esprits* ils voulaient faire sacrifier
t qu'en leurs nouveautés on dût bien se fier.

L'idolâtrie* alors, en Chine, prit naissance,
De perfides conseils, coupable conséquence,
Qui, du Prince ternit la gloire assurément,
Bien acquise, du reste, à son gouvernement.
A quatre-vingt-quatre ans, ce long règne** a fini,
De ce Prince, une règle est encore suivie,
Celle des vêtements, dits de cérémonie***.

---

* Sous ce règne on répandit des doctrines nouvelles qui commencèrent à altérer la pureté du Culte primitif.

La religion des Chinois, à cette époque, était encore celle des premiers hommes ; ils ne reconnaissaient qu'un Dieu unique et suprême, seul dispensateur des maux et des biens.

Des hommes inquiets et légers se livrèrent à la magie, effrayèrent les peuples par leurs prestiges, leur persuadèrent l'existence des *esprits* et la nécessité de leur offrir des sacrifices. Bientôt les mœurs changèrent et se corrompirent. On ne craignit plus d'affronter le Ciel ; on redouta seulement la colère des *esprits*, et, chaque famille pour se les rendre propices, adopta des pratiques particulières, sous le vain prétexte de ne pas troubler la paix de l'Etat.

** Il mourut à Kio-féou, en 2514, ayant régné 84 ans.

*** Il ordonna que les genres et les degrés de Mandarinats auraien pour signes distinctifs, différentes figures d'animaux peints ou brodé sur la poitrine et sur le dos ; que les Mandarins de lettres et de justic auraient en partage les représentations d'oiseaux, tels que le faisan, l paon, le cygne ; et les Mandarins de guerre les animaux quadrupèdes tels que le lion, le tigre, etc. — Ce règlement s'observe encore aujour d'hui.

# TCHUEN-HIO

## CINQUIÈME EMPEREUR.

— *An 2514* —

Tchuen*, fils de Tchang-y, petit-fils d'Hoang-ti,
Fut élu par le peuple, à tous les Grands, uni.

Il avait eu déjà, sous le précédent règne,
Un des rangs à la cour, les plus hauts qu'homme atteigne.
A peine sur le trône, il mit fin aux malheurs,
Causés depuis longtemps par tous les novateurs.
C'est par cet Empereur que toute idolâtrie
Fut, grâce à ses bons soins, en l'Empire, flétrie.
On ne voyait avant que des Magiciens
Effrayant tout le monde et par divers moyens,
Tels que spectres produits à l'aide d'artifices,
Même, sans nul répit, pendant les sacrifices.

* Tchuen-Hio, fils de Tchang-y était petit-fils de l'Empereur Hoang-ti.

Pour détruire le mal, il ordonna surtout
Que l'Empereur, lui seul, aurait le droit partout
D'aller sacrifier* au Créateur Suprême,
En prenant les moyens qu'il règlerait lui-même.

L'Astronomie était l'objet de ses faveurs,
Il fit instituer pour les calculateurs,
Pour tous les gens lettrés, savante Académie,
Où l'on s'occuperait surtout d'Astronomie.

Tchuen-Hio voulut que l'année, en tous temps,
Commençât à la lune**, au plus près du printemps.

Soixante-dix-huit ans dura cet heureux règne,
Paisible, glorieux, par tout ce qu'il enseigne,
Par la paix qu'il maintint, l'extrême ordre partout,
La science honorée et l'abondance en tout.

---

* Pour couper le mal par la racine, il ordonna que *l'Empereur* aurai *seul* le droit de sacrifier au Chang-ti (Etre Suprême), et ne pourrait l[e] faire que suivant le cérémonial qu'il établit.

** A la lune la plus proche du premier jour du printemps.

Quatre-vingt dix-huit ans, il avait, dit l'Histoire,

— *An 2436* —

Au moment de sa mort*, au comble de sa gloire.

---

* Il fut inhumé à Po-hiang.

## TI-KO

### SIXIÈME EMPEREUR.

— *An 2436* —

Au trône associé, dès l'âge de quinze ans,
Par l'Empereur Chao*, son grand-père en ce temps,
Ti-Ko, pendant son règne, a donné preuve encore
De toutes les vertus dont le sage s'honore.

Dans un très bon esprit, il créa des Docteurs,
Enseignant les moyens de réformer les mœurs,
Chargés, non seulement d'affermir la morale,
Mais d'enseigner aussi la musique vocale.

Ce Prince introduisit, dans l'Empire Chinois,
Une polygamie, interdite autrefois,
Et qui demeure encore acceptée, en la Chine.
Quatre femmes il eut, suivant cette doctrine.

Ce règne s'étendit à soixante-dix ans,
Calme, long, honoré, comme à ses ascendants.

---

* L'Empereur Chao-Hao.

# TI-TCHI

## SEPTIÈME EMPEREUR.

— *An* 2366 —

Ti-tchi, fils de Ti-Ko, n'eut point, en si court règne,
L'ensemble des vertus que tout grand Prince enseigne.

— *An* 2357 —

Yao, fils puiné de leur prédécesseur,
Après Ti-tchi, son frère, eut titre d'Empereur.

* Il établit sa résidence à Ping-yang, dans le Ki-tchou.

## TEMPS HISTORIQUES

# YAO

### HUITIÈME EMPEREUR

— *2357 avant notre ère* —

On compte, dès ce jour, tous les temps historiques,
Le début du *Chou-King*, de l'histoire authentique.

Pour symbole, en son règne, Yao prit *le feu*.

En fait d'habiles soins, il sut, en premier lieu,
Encourager surtout, par choix, l'Astronomie,
Faire observer, des cieux, la physionomie.
Il avait, à sa cour, quatre* illustres savants,
Qu'il envoya de suite, en des points très distants,
Pour fixer l'étendue et le plan de l'Empire.

* Deux du nom de Hi qui étaient frères et deux du nom de Ho, également frères. Il les envoya aux quatre extrémités de son Empire pour en déterminer l'étendue et les limites.

Il fit également, dès leur retour, prescrire
De dresser, avec soin, nouveau calendrier,
Et de corriger bien les erreurs* du dernier.

Yao très certain que le devoir des Princes
Est de veiller sans cesse à la paix des provinces,
Au bonheur des Seigneurs, à celui des sujets,
De tous les rangs nombreux et jusqu'aux plus pauvrets,
Visita son royaume et recueillit les plaintes,
Reforma maint abus, par sages lois restreintes.

Tous les pauvres étaient, sans cesse, en son esprit,
L'objet de mille soins. — Selon l'Histoire, il dit :
« Si mon bon peuple a froid, j'en suis, moi seul, la cause ;
« A-t-il faim, c'est ma faute, et non pas autre chose. »

D'Yao les vertus étendirent au loin
Sa réputation et plus d'un Prince eut soin
De se rendre à sa cour, pour avoir conseil sage,
Sur l'art de bien régner, art d'immense avantage.

---

* Les erreurs que la négligence avait laissées s'introduire dans le calendrier d'Hoang-ti.

Sous son règne arriva grande inondation,
Qui, des Chinois, causa la consternation :
« Les eaux baignaient le pied de toutes les montagnes,
« Couvraient entièrement collines et campagnes
« Et paraissaient vouloir s'élever jusqu'aux Cieux. »
Le Chou-King parle ainsi de ces temps pluvieux,
Qu'on ne doit pas confondre avec ceux du Déluge.
Comme chacun le sait et sagement le juge.
Yao prescrivit, pour écouler les eaux,
Réparer les dégâts, les plus pressants travaux.
Sur l'avis du Conseil, en cette circonstance,
On désigna Pé-Kouen, l'homme de la science,
Pour dresser tous les plans d'un assainissement.
Exigeant grands travaux faits courageusement,
Par nombreux ouvriers, qu'il aurait à conduire.
Pé-Kouen habile, actif, ne sut pourtant produire,
En neuf ans, rien encor, qui fût satisfaisant
Et pour si grands travaux, se dit insuffisant*.

* Il avoua qu'un si grand travail était au-dessus de ses talents.

Cet Empereur avait Tan-tchon, pour fils unique,
Qui ne lui semblait pas un homme politique,
Très bien pourvu des dons et grandes qualités,
Qu'exigent, en tous points, les souverainetés.
Alors il invita, dans sa sagesse austère,
Les membres dévoués de tout son Ministère
A désigner quelqu'un qui sût bien gouverner,
Sentant, de plus en plus, qu'il devait terminer,
Sous peu de temps, un règne au-dessus de sa force.
Le Conseil, en ce cas, n'acceptant pas, s'efforce
D'ajourner son avis ; mais le sage Empereur
Voulut qu'on désignât enfin son successeur ;
Et le Conseil alors, d'une voix unanime,
Avec le dévouement, le respect qui l'anime,
Nomme Chun aussitôt, admis par l'Empereur.

Chun reconnu partout comme habile et très sage,
Devient, sans plus tarder, Ministre, Haut personnage,
Inspecteur général de tous les grands travaux,

— *An 2285* —

Au trône associé*, sans avoir de rivaux.

* Le respect, que Chun avait toujours eu pour ses parents, malgré l'injustice de leur conduite à son égard, décida le choix de l'Empereur.

Yao, calme alors, eut encore un long règne,
Vingt-huit ans il vécut, en sorte d'interrègne.

— *An 2258* —

Cet Empereur mourut âgé de cent quinze ans ;
Il en avait régné quatre-vingt-dix-neuf, *francs*.

Les peuples le pleuraient, comme l'on pleure un père,
En portèrent le deuil, avec douleur sincère,
Pendant, juste, trois ans. — Son nom est respecté,
Son exemple suivi par sa postérité.

Il inventa, dit-on, la Ta-tchoung**, ou musique.
Faite pour honorer chaque fête publique,
Pour chants religieux, admirable surtout,
Comme en fête civique, elle l'était en tout.

---

Il fit alliance avec lui, par mariage, le chargea de faire observer, parmi le peuple, les cinq devoirs de la vie civile. La manière dont Chun s'acquitta de ses emplois, lui valut toute la confiance de l'Empereur, qui le nomma son premier Ministre, et finit par l'associer au trône (2285 avant l'ère chrétienne).

** Musique réservée pour les fêtes religieuses et pour célébrer le mérite des grands hommes.

# CHUN

## NEUVIÈME EMPEREUR.

— *An* 2255 —

Chun, neuvième Empereur et Prince des plus sages,
D'un bon gouvernement donnait heureux présages.
Ses maximes avaient obtenu, des savants,
Puissante autorité. Son nom, même en ces temps,
S'estimait au plus haut ; et, dès son origine,
Béni de siècle en siècle, encore dans la Chine,
Inspire infiniment de vénération.
De Chun, né loin des cours, la réputation,
La sagesse, les mœurs, la grande intelligence
L'avaient fait remarquer, au sortir de l'enfance,
Et l'Empereur voulut le connaître et juger.
La modestie en tout, qu'il savait ménager,
Ses réponses, toujours, sages, judicieuses,
Et mille qualités, qui sont si précieuses,
révinrent Yao, de suite en sa faveur.

Il le prit à sa cour, lui fit même l'honneur
De l'allier bientôt à toute sa famille
Par brillant mariage avec sa propre fille.

Il le chargea du soin de bien faire observer
*Les cinq devoirs civils*, qu'il fallait conserver,
Mission qu'il remplit avec tant de sagesse,
Où personne ne put le taxer de faiblesse,
Que l'envie évita de lui rien contester.

Le succès qu'il venait de si bien remporter,
Fit qu'Yao nomma Chun son premier Ministre,
Seul pouvant prévenir évènement sinistre
Et l'associa, même, à l'Empire aussitôt.
Des Seigneurs il reçut les hommages bientôt ;
Et c'est dès ce moment qu'il partagea l'Empire
En cinq classes, ou rangs, auxquels il sut prescrire
Des signes distinctifs, pouvant très clairement
Faire connaître à tous leur nouveau classement.
Il leur distribua des *Choués*, ou tablettes,
Toutes en blanc ivoire, ayant empreintes faites,
Pour se rapporter, juste, aux tracés que portaient
*Choués* de l'Empereur. — Lorsque les grands allaient

En visite à la Cour, il devenait facile,
En présentant l'ivoire, au tracé tant habile,
De connaître le rang de chaque visiteur
Comparant leurs *Choués* à ceux de l'Empereur.

Ce parfait souverain entreprit tout de suite,
Comme il le désirait, une longue visite
En son Royaume* entier. Il y fit règlements :
Pour la Religion divers amendements,
D'autres pour mieux régler les poids et les mesures,
Pour les modifier, il soumit ses censures.
Des variations surtout suivant les lieux,
Il voulut éviter les dangers trop nombreux.

De retour à la Cour avec expérience,
Il perfectionna, sur une échelle immense,
L'Administration, détruisit des abus,

---

* Pour arrêter alors les excès dans les dons et les cadeaux qu'il était d'usage que les Gouverneurs et les Grands Mandarins présentassent aux Empereurs, il ordonna qu'ils n'offriraient à l'avenir que cinq pierres précieuses, trois pièces de satin, deux animaux vifs et un mort.

Dans le cours de cette longue et pénible tournée, il publia divers règlements, tant pour fixer les cérémonies religieuses et civiles, que pour ramener à leur unité primitive les poids et mesures qui variaient suivant les lieux.

Etablit sages lois, et s'engagea, de plus,
A faire, dans cinq ans, encor même tournée,
De la même façon, en tout, déterminée.

Il força ses Seigneurs et ses Grands Officiers,
A venir à sa Cour, sur ordres réguliers,
Une fois en cinq ans, rendus obligatoires,
Afin de leur donner tous avis péremptoires.
Trois provinces de plus, il fit en ce moment
Fixant à douze parts tout son Gouvernement.

Ensuite il s'occupa d'autre importante chose
Celle des criminels, des supplices en cause.
Il les fit adoucir ; mais il voulut ceci :
« Récidive sera, de mort, punie aussi. »

Chun aimait les progrès et surtout les sciences :
Pour elles il avait toutes les prévenances.

Ce fut lui qui forma le travail glorieux
De la sphère céleste, où l'on met sous nos yeux,
Tout le globe, la terre, en le centre placée,
La lune, le soleil, chaque étoile classée.

Cet ensemble reçoit les réels mouvements,
Qu'on observe en les cieux sur tous les éléments.

A la mort d'Yao, Chun, redoublant de zèle,
A son activité, de plus en plus fidèle,
Contint dans le devoir ses nombreux officiers,
Tous les trois ans, leur fit examens* réguliers,
Sut les récompenser suivant leur vrai mérite,
Les faire s'amender, ou remplacer de suite.

Il s'occupa beaucoup de l'éducation
Et collèges on vit, dus à son action
Recommandant surtout la chose principale,
Progrès en les vertus, affaire capitale.

* Au bout des trois premières années, il se contenta de prendre des enseignements exacts sur chacun, et à la fin des trois années suivantes, l les louait ou les réprimandait; mais à la neuvième année, époque du ernier examen, il destituait ou punissait, par des châtiments sévères, ceux que ses précédentes réprimandes n'avaient pas corrigés; et il accor-ait de justes récompenses à ceux dont l'administration toujours sage, ne 'était point démentie.

Il établit aussi deux sortes d'hôpitaux,
Pour vieillards indigents, bienfaits très libéraux ;
L'un était pour le peuple, un autre était, de même,
Au service des Grands, de tout homme qui sème,
Pour l'Etat qui récolte. Admirable secours,
Que tout grand peuple estime et soutiendra toujours !

Le dernier bien que fit Chun, à sa fin suprême,
Fut d'écarter du trône, avec un soin extrême,
Son fils qu'il pressentait peu digne du pouvoir.
Yu fut désigné, comme nous l'allons voir,
Pour gouverner l'Empire, après homme si sage.

L'Empereur Chun laissait, ayant cent dix ans d'âge

— *An 2208* —

(En deux mil deux cent huit), son peuple au désespoi
Qui voyait se finir le règne du *Savoir*.

# YU.

## PREMIER EMPEREUR DE LA DYNASTIE DES HIA.

— *An 2298* —

Deux mil trois cents, moins deux, avant l'ère chré-
[tienne,
Est l'année historique et de date certaine,
Où l'on vit naître Yu. — Pé-Kouen*, son père était,
A la cour d'Yao, qui beaucoup l'estimait.
Ce jeune Prince Yu, très vite, acquit l'estime,
Que mille qualités rendaient très légitime.
Chun, en ce temps, chargé de conjurer les maux,
ausés, dans le pays, par affluence d'eaux,
Avait pris avec lui, (lorsqu'il fit la visite
es pays inondés, à sauver au plus vite),
e jeune Prince Yu, qu'il nomma Directeur
n place de Pé-Kouen. Ce Prince, avec honneur,
'acquitta de sa tâche, en tout, très difficile,
e montra très actif, ingénieux, habile;
Il élargit le cours des fleuves encombrés,
it écouler les eaux, par moyens admirés.

* Pé-Kouen était un descendant de l'Empereur Hoang-ti.

Après ce grand succès, pour lui, premières gloires,
Qui dévoilaient, dès lors, capacités notoires,
Il dut étudier, sur place, et sûrement
Les ressources du sol pour le Gouvernement,
Pour tributs à lever, et sur la Chine entière,
Travail nécessitant science financière,
Dont il sut s'acquitter, vite, équitablement,
Avec un talent tel, qu'il fut subitement
Nommé Prince d'Hia*, lui, sa famille entière,
Ses deux frères compris, pour l'excellent concours,
Qu'à cette œuvre ils avaient, tant donné tous les jours.

Yu devient bientôt, de Chun, premier Ministre,
Afin qu'à ses côtés ce grand Prince administre
Le Royaume à sa place. — En effet, au plus tôt,

— *An 2223* —

Il se l'associa ; choix admis aussitôt.

* L'Empereur lui assigna le pays de Hiadant, dont sa famille eut l nom, dans la suite.

Après la mort de Chun, Yu reçut l'Empire,
Ce qu'à tant de vertus, on pouvait bien prédire ;

— *An 2198* —

Mais bientôt, il mourut, à l'âge de cent ans ;

Alors son fils Ti-Ki, *le premier*, en ces temps,
Par les droits de naissance, eut le trône *d'un père*.

Ce règne fut depuis, en Chine, héréditaire.

---

## PREMIÈRE DYNASTIE.

## — LES HIA. —

# TI-KI.

### PRINCE DE HIA.

— *An 2197 avant notre ère.* —

# CHINE.

## OUVRAGES A CONSULTER.

*Histoire générale de la Chine* par le P. Joseph Mailla, publiée par l'Abbé Grossier, avec figures, atlas, etc. — 13 volumes in-4. 1785.

*Histoire complète de l'Empire de la Chine*, depuis son origine jusqu'à nos jours, par Desbarres, 1860. 2 volumes in-16.

*Mémoires des Missionnaires en Chine.* 15 volumes in-4. 1777-1782, avec approbation et privilège du Roi.

*Histoire anté-diluvienne de la Chine*, par le Marquis de Fortia d'Urban. Paris, 1838.

# L'ESPAGNE.

# TRADITIONS ANCIENNES

## L'ESPAGNE.

*(De 2975, environ, avant J.-C. à 1580, après J.-C.).*

*Avant J.-C. — 2975 ans.*

Tubal, fils de Japhet, fut le premier, dit-on,
Qui régna sur l'Espagne. — On cite même encore
Iberus, puis Hispel, Hesper et Gérion
Au rang des anciens Rois, dont le pays s'honore.
Après eux Gargoris. — Abidis, sage Roi,
Apprit aux Espagnols à labourer la terre.
Il leur dicta des lois de justice sévère
Et leur fit adopter de la meilleure foi
De se bâtir enfin une fixe demeure,
Civilisation, pour la paix, la meilleure.

La mer s'ouvrit, dit-on, vers ce temps au plus tard,
Le passage appelé détroit de Gibraltar.
Ce grand événement fut tout à fait tragique
La séparation de l'Europe et l'Afrique.
En unissant deux mers, fit un tel changement
Qu'on fut partout frappé du grand événement.

Par les Phéniciens en ressources fertiles
L'Espagne fut d'abord, grâce à des faits habiles,
Découverte, occupée, en un prompt coup de main,
Tout comme, aux Espagnols, il fallut art divin
Pour découvrir plus tard les terres d'Amérique

*Avant J.-C. — 800 ans.*

Par leurs profonds calculs, leur science nautique.
Cadix reçut le jour de ces Phéniciens
Adonnés au commerce et les meilleurs marins.
Les trésors variés, après lesquels soupirent
Peuples de tous les temps, mines du plus grand prix,
Attirèrent de même au sein de ce pays
Grecs et Carthaginois. — Ces derniers le conquirent.

Rome n'existant pas encore dans ce temps,
Ce pays demeura résigné très longtemps
Et se couvrit bientôt de belles colonies,
Où l'on voyait fleurir récentes industries.
Enfin trop de trésors se trouvant emportés,
Les Espagnols voyant tous leurs champs dévastés,
Mandèrent auprès d'eux la puissance Romaine
Pour punir les excès du peuple envahissant.
Rome dont le pouvoir alors était naissant,
Qui s'estimait déjà maîtresse souveraine,
Envoya son armée au secours d'un pays
Dont elle estimait haut les malheurs et le prix;

*Avant J.-C. — 235 ans.*

Elle vint le défendre et calma ses alarmes,
Carthage, Rome alors recoururent aux armes
Et l'on vit s'allumer les guerres d'Asdrubal
Contre les Scipions; d'Amilcar, d'Annibal
Contre Rome alliée à l'Espagne troublée.
Le fruit de ces combats fut l'Espagne accablée
Sous le poids du vainqueur de Carthage aux abois,
Scipion* qui bientôt en détruisant Numance,

---

* Scipion Emilien.

*— An 133 —*

Termina ces combats, où brillait sa puissance
Et contraignit l'Espagne à recevoir ses lois.
 Ce pays ne fut pas, sous ce vainqueur et maître,
Plus tranquille qu'avant. — César en voulut être
Enfin seul possesseur : il vainquit le vainqueur

*— An 48 —*

En remplaçant Pompée. — Alors la pauvre Espagne
Fut province Romaine et sa chère compagne
Devint pour l'Ibérie un trop puissant Seigneur.

*Après J.-C. — 400 ans.*

 Quelques siècles plus tard, vicissitude humaine !
Les Vandales chassant l'invasion Romaine,
Envahissent l'Espagne. — Après, les Visigoths
Repoussent ces guerriers, en s'unissant aux Goths,
Et choisissent enfin la ville de Tolède
Pour siège du pouvoir, qui triomphant succède
Aux Vandales vaincus. — Les Arabes*, d'abord

---

* De 710, après J.-C., à 1031.

Refoulèrent les Goths vers les pays du Nord,
Puis les Maures* venus en imposante armée
Contraignirent l'Espagne à se voir transformée
Sous de nouvelles lois. — Les Arabes chassés
Furent enfin par eux sur tous points remplacés.
Le pouvoir de Grenade**, à celui de Cordoue***
Succéda pleinement. — Mais ici se dénoue
La grande destinée, encore obscure aux yeux
De tous les Espagnols, si longtemps malheureux.

Triomphant de l'Arabe et du Maure intrépide,
Ces hommes s'animant reprennent le dessus.
La victoire protège et met sous son égide
Ces braves (les vengeurs de ceux qui ne sont plus,)
S'armant pour conquérir ce haut rang qu'en ce monde
Tout peuple veut avoir et sur lequel se fonde
Le repos, la fortune, avec la liberté,
Ces dons si précieux de la Divinité.

* Vers 1031, après J.-C.

** Le Royaume de Grenade fondé en 1236, dura jusqu'en 1492.

*** Le Califat de Cordoue, fondé en 756 après J.-C., cessa d'exister en 1031 (arabes).

D'héroïques efforts, du sein de la Castille,
Repoussent l'ennemi, le Maure enfin vaincu,
Lui, qui, pour ce pays, a trop longtemps vécu,
Font de l'Espagne entière une grande famille.

De succès* en succès, Ferdinand d'Aragon
Libère son pays, règne auprès d'Isabelle**,
S'empare*** de Grenade et, par cette union,
Fait l'Espagne, à la fois, seule, puissante et belle,
A laquelle s'ajoute une gloire immortelle.

Par les soins de la Reine, un monde est découvert;

— *An 1492* —

De l'Amérique enfin, le chemin est ouvert
Et bientôt on a pu conquérir le Mexique.
A l'Espagne revient ce triomphe héroïque.

---

* De 1474 à 1516.

** Le mariage eut lieu en 1469.

*** En 1492.

Pelage (1), don Rodrigue (2), Alphonses (3) onze Rois,
A quelle gloire aussi n'avez-vous pas de droits!
Vous avez combattu pour délivrer l'Espagne,
Jusqu'à la fin, depuis la première campagne.
Les Maures ne sont plus. Votre vaillant pays
Est purgé maintenant de tous ses ennemis.

— *An 1580* —

L'Espagne va briller de la plus grande gloire
Que nulle Nation ait due à la Victoire!

---

(1) en 718; (2) en 1070; (3) de 739 à 134 .

# L'ESPAGNE.

## CASTILLE. LÉON. ARAGON

*1060 à 1099.*

Un des Héros anciens les plus intéressants
Qui firent naître écrits les plus retentissants,
Fut le glorieux *Cid*, le célèbre Rodrigue.
A lui, le grand Corneille, en nobles vers prodigue
Les plus beaux sentiments, dans l'œuvre qu'à bon droit,
Admire l'Univers, comme un nouvel exploit,
Où brille le portrait de la belle Chimène,
Que le destin poursuit, véritable Romaine !
Je ne dirai qu'un mot, ici très important :
« Le Cid il faut relire et sans perdre un instant. »

Don Rodrigue était né d'une illustre famille,
A Burgos, le chef-lieu de la vieille Castille.
Don Sanche était son Roi, près duquel il servait,
En guerrier valeureux fortifiant sa cause.
A la mort de don Sanche, Alphonse succédait;
Pour Rodrigue ce fut tout autre état de chose,
Il partit de la Cour, rassembla ses amis,
Aux Maures fit la guerre et, sur ces ennemis,
Remporta des succès, d'une extrême importance,
Mettant en son pouvoir et Tolède et Valence.

Ces exploits admirés d'Alphonse, nouveau Roi,
Lui valurent honneurs, confiance et l'octroi
D'un grand commandement sur des troupes nombreuses.

Ayant vaincu cinq Rois, en rencontres heureuses,
Les députés des Rois, voulant lui faire honneur,
L'appelèrent le *Cid*, c'est-à-dire Seigneur.
Rodrigue gouverna comme Souverain Maître,
Eut des Ambassadeurs, en sa faveur fit naître
Respect, affection parmi les Nations,
De toutes parts reçut justes ovations.

On dit qu'il fut forcé, pour cause singulière,
De se battre en duel avec le propre père
De la belle Chimène, objet de tous ses vœux,
Laquelle il épousa, malgré ce trait affreux.

Tels furent les sujets de cette tragédie,
Que chacun reconnaît si grande, si hardie.

# LA PLATA.

# TRADITIONS ANCIENNES

## LA PLATA.

Vers l'an quinze cent douze, on découvrit l'entrée
Du fleuve La Plata. — Ce fut un Espagnol
I Diaz de Solis, qui, dans cette contrée,
Eut le premier l'honneur d'aller toucher le sol.
Il explora la baie et, pour cette conquête,
Il eut mandat du Roi Ferdinand d'Aragon
Heureux de le donner. Cette expédition,
Au bout de quelque temps, étant armée et prête,
Il remonta le fleuve, en chaloupe embarqué ;
Mais descendant à terre, il commit l'imprudence
De s'aventurer seul et se trouva traqué,
Surpris, fait prisonnier par une foule immense.
Celle-ci le saisit, le tua, le mangea*,
Sous les yeux des marins restés dans la chaloupe.
Ce malheur pour ceux-ci tant les découragea,
Que n'ayant nul espoir de vaincre cette troupe,

* En 1515.

Ils prirent le parti de gagner leur vaisseau
Et de s'en retourner au plus vite en Espagne.
Ainsi se termina cette affreuse campagne, *
Dont je viens d'esquisser le sinistre tableau.

Dix ans** plus tard Cabot, par cette même entrée,
Explora la Plata, commandant cinq vaisseaux,
A ses soins confiés par l'Espagne, inspirée
Du désir de venger d'infructueux travaux.
Il fit, en or, argent, butin considérable ;
Il bâtit deux grands forts, les arma puissamment
Et ne redoutant plus aucun événement,
En Europe il revint par un temps favorable.

Mais injure du sort ! L'Officier commandant
De l'un de ces deux forts avait femme jolie,
Du nom de Miranda, qu'un Cacique impudent
Résolut d'enlever. — Eternelle folie,
Dans l'univers entier, que de maux tu causas !
Au milieu de l'Europe, aux côtes de l'Afrique,
Comme au sein de l'Asie et même en Amérique,
On trouve encore Pâris, Hélène et Ménélas !

* En 1515. — ** En 1525.

Notre Cacique donc choisit une journée
Où le trop calme époux était absent du fort
Et ne soupçonnait pas sa triste destinée.
Il s'entoura de gens nombreux et tous d'accord,
De pied ferme attaqua, tout à coup par surprise.
Au fort il mit le feu, massacra les soldats,
Mais fut tué lui-même au milieu des combats,
Que causa, des deux parts, une telle entreprise.

Miranda, qu'entouraient quelques jeunes enfants,
Quatre femmes, comme elle, en affreuse panique,
Au milieu d'ennemis cruels et triomphants,
Fut conduite par eux devant le fier Cacique,
Siripa, successeur et frère du premier.
La jeune Miranda, l'Espagnole si belle,
Fit sur ce nouveau Chef une impression telle
Que le vainqueur devint son humble prisonnier.
Il voulut, des captifs, ne se réserver qu'elle
Et la considéra comme étant désormais
Maîtresse en sa maison et maîtresse à jamais.

Néanmoins Miranda, différente d'Hélène,
Fidèle à son mari, triomphante resta.
A des vœux très soumis, elle opposa la haine
Et le faible opprimé, lois, au vainqueur dicta.

Beauté, tels sont tes droits ; tu règnes et gouvernes
Depuis temps anciens jusques aux temps modernes ;
A chacun des humains, oui, tu dictes tes lois
Aux fiers, aux forts, aux grands, aux princes, même aux Rois,
C'est justice à te rendre et justice bien due :
Pour toi, servitude est, ou doit être inconnue.

Siripa généreux conçut pour Miranda
La plus profonde estime et toujours se guida
Sur ses sages conseils, auxquels soumis sans cesse
Il ne fit qu'opposer une grande faiblesse.

A quelque temps de là l'Officier Espagnol,
Rentrant de sa tournée, après si triste absence,
Reconnaît de très loin son aveugle imprudence.
Voyant son fort détruit il devint presque fol

En cherchant Miranda son épouse chérie,
Qu'il réclame partout, dans sa vaine furie.
Enfin la foule dit tout ce qui s'est passé
Et jusques aux malheurs, dont il est menacé.

Le jaloux Siripa, plein de fureur extrême,
En voyant le mari de Miranda qu'il aime,
Fait saisir cet époux, qu'il ne peut supporter,
Aux jours duquel, de suite, il veut même attenter.
Le pauvre Commandant allait subir la peine
De cette jalousie ainsi que de la haine,
Quand Miranda paraît, désarme le jaloux,
En se précipitant pleurante à ses genoux.
L'Officier délié, par une grâce extrême,
Que vient de prononcer le Chef Siripa même,
Reçoit la liberté; mais à condition,
Qu'on devine aisément et par l'époux jurée,
Que Miranda sera, du mari, séparée.
Cette transaction faite pour un moment,
Par faute de pouvoir en agir autrement,
Les choses en l'état encor continuèrent
Et nuls dissentiments graves ne se montrèrent.

Mais on ne comptait pas avec un fait nouveau :
La femme du Cacique aimait, trouvait très beau
L'Officier Espagnol, veillait sur la conduite
Des époux séparés. — Sans cesse à leur poursuite
Elle était jour et nuit. Elle parvint enfin,
Par double jalousie, à faire qu'un matin
Siripa condamna Miranda son idôle
A mourir par le feu. — La fidèle Espagnole
Vit son mari, criblé de flèches sous ses yeux,
Mourir en même temps qu'elle au milieu des feux.

Tel fut le dénoûment de cette affreuse histoire,
Que le respect du vrai transmit à la mémoire.

Les Espagnols alors voyant qu'ils ne pouvaient
Rester dans ce pays, dans lequel ils n'avaient
Aucun moyen puissant d'assurer leur défense,
Quittèrent la Plata soustraite à leur puissance.
Ils n'entreprirent rien. — Charles Quint cependant,
Dix ans* plus tard voulut tenter cette conquête.

* En 1535.

Il fit tout préparer et nomma Commandant
Mendoza, dont la flotte, à Cadix était prête.
Cet armement fut fait avec grand apparat,
En Espagne on n'avait jamais vu tant d'éclat,
Pour une Colonie. — Au plus tôt la flotille
Parvint, sans trop de mal, au fleuve La Plata.
Mendoza débarqué de suite exécuta
Le projet d'une ville, où par dessus tout, brille
Un génie éclatant. — Cette grande Cité,
Faite pour protéger surtout l'autorité,
Des faibles Espagnols contre tant d'adversaires
Et pour loger leurs gens, était Buénos-Ayres*.

Mendoza ne devint maître de ce pays
Qu'à force de lutter sur le terrain conquis.
Les naturels étaient en incessantes guerres
Contre les Espagnols, qui n'avaient pas toujours,
Même pour acheter les vivres nécessaires,
Le dessus aux marchés forcés de tous les jours.

---

* Bon air.

Bientôt, voyant venir une extrême famine,
Mendoza défendit, sous peine de la mort,
De sortir de la ville; et craignant tout d'abord
Que la faim ne devînt cause d'indiscipline,
Il mit gardes partout avec droit de tirer
Sur ceux qui tenteraient de les contrecarrer.

---

Ici je reproduis l'aventure connue
Concernant une femme habitant* la Plata.
Cette tradition, très sûre est devenue
Et le nom de la femme était Maldonata.

Certain jour celle-ci, trompant la vigilance
Des gardes de la ville, errait sans assistance
Au loin dans la campagne. — Elle vit un rocher
Formant une caverne, où, pour s'aller cacher
Elle entra, l'estimant faite pour sa demeure.

---

* La Plata, à Buénos-Ayres même.

Combien de gens alors n'en avaient de meilleure ?
Tout à coup, dans ce lieu, si frais et retiré,
Ce réduit qui semblait au repos consacré,
Demeure qui, pour tous, est également bonne,
Elle voit sur le sol couchée une lionne.
Son aspect la saisit d'une extrême frayeur ;
Elle va fuir ce lieu si terrible et trompeur ;
Mais non, cette lionne essaye une caresse ;
Du regard le plus doux elle implore secours ;
Dans ses yeux on ne voit qu'une souffrance expresse
A laquelle sans crainte on peut aider toujours.
Maldonata s'arrête : elle prête assistance
A cette mère en proie à de vives douleurs ;
Elle comprend le prix de telle bienfaisance
Pour l'être qui s'adresse à son cœur par ses pleurs.

La lionne, sentant qu'elle est si bien comprise,
edouble de tendresse et calme tout l'effroi,
ue sa vue a produit. — Maintenant elle a foi
n sa libératrice et se fait voir soumise,
ui prouvant clairement un cœur reconnaissant.

Cette mère, depuis sa délivrance heureuse,
Ne cesse de montrer un dévouement croissant.
Pour Maldonata même amitié précieuse.
Par ses soins chaque jour des aliments nouveaux
Sont apportés pour elle et pour les lionceaux.
Ceux-ci nés sous ses yeux, presque élevés par elle.
Font voir, jusqu'en leurs jeux, l'affection, si belle,
Qu'inspire dans le cœur, même de l'animal,
Les sentiments d'amour toujours le plus loyal.
Pour ces jeunes petits, ces actes de leur mère,
Tout dévoués pour qui veut bien prendre soin d'eux,
Sont exemples parfaits, leur rendant douce et chère
L'existence, que font ces dons les plus heureux.

Mais en très peu de temps la touchante famille,
Que nous venons de voir unie et si gentille,
Tout naturellement, du logis, s'écarta.
Chacun prit liberté que son instinct dicta.
Seule Maldonata, restant sans subsistance,
Quitta de même l'antre, où sa bonne action,
Lui valut un asile. — Elle eut l'affliction
De tomber aussitôt, sans aucune défense,
Aux mains des Espagnols. — Ceux-ci pour la punir

De sa fuite coupable, à l'instant la lièrent
A quelque arbre voisin, qu'entr'eux ils avisèrent,
Ne doutant pas d'ailleurs qu'elle ne dût finir
Par être dévorée, au moins dans la journée,
Par quelque bête, là, par la faim amenée.
Dès le surlendemain, on vient voir en ces lieux
Si la pauvre victime est morte ou bien vivante;
Mais spectacle émouvant et contre toute attente,
Fou rêve, vision, spectacle merveilleux !
Elle paraît à tous forte, pleine de vie,
Au milieu d'animaux n'osant en approcher.
Une lionne est là, de lionceaux suivie,
Effrayant, du regard, qui voudrait y toucher.

A ses pieds étendue, en repos, la lionne
Veille pour conserver, elle-même en personne,
Ce trésor précieux. — Les Espagnols frappés
Au suprême degré, voyant un tel prodige,
Prennent tous les moyens que la prudence exige
Pour que les durs liens se trouvent tous coupés.
L'animal laisse faire, en voyant emmenée
Celle que tendrement il avait patronnée.
Il aime à confirmer, par long gémissement,

Les prodiges nombreux de son attachement,
Lesquels Maldonata s'empresse de décrire
A ses libérateurs. — Le Commandant qu'inspire
Une juste pitié, fait grâce, en apprenant,
De tous les Espagnols, cet acte surprenant,
Où le Ciel a paru protéger cette femme,
Autant qu'en sa faveur l'opinion réclame.

---

A cette même époque, on fit l'Assomption,
Ville assurant encor forte protection
A tous les Espagnols, qui trois cents ans* gardèrent
Cette grande conquête et la consolidèrent.

---

Grand merci, bon lecteur, de votre attention!

---

* Jusqu'en 1810, époque du mouvement insurrectionnel qui agita les possessions Espagnoles.

# LA BOHÊME.

# TRADITIONS ANCIENNES

## LA BOHÊME.

*— An 589 avant J.-C. —*

La Bohême ne sait, comme plusieurs Etats,
Quels furent les premiers habitants de Bohême.
Tout ce qu'on aperçoit, dans le lointain extrême,
Dans les brouillards couvrant ses sûrs et premiers pas,
C'est que d'anciens Gaulois, trouvant que leur patrie
Etait trop resserrée et faible en industrie,
Vinrent, sous ce climat, en foule et hardiment
Travailler à s'y faire un établissement.

Le chef qui commandait, du nom de Sigovèse,
Neveu d'un* roi Gaulois, put fixer, à son aise,

* D'un Roi de Bourges.

Ce trop mobile essain ; environ six cents ans,
Avant l'ère chrétienne, essaim qui, très longtemps,
(Bien près de six cents ans, pour compter ici juste,)

*L'An 30 avant J.-C.*

Paisible possesseur, jusqu'au règne d'Auguste,
Fut enfin repoussé par tous les Marcomans.

La Bohême devint, sous ces fiers Conquérans,

*Vers 446 de notre ère.*

Très fort à redouter, pour les aigles Romaines :
Mais les efforts des Huns firent ces gloires vaines.
Nouvelle invasion, encor changea son sort.
Des Tchèques le torrent que redoutait, si fort,
L'Europe tout entière, alors épouvantée,
Cette horde guerrière, au plus haut point tentée,
Par ce très beau pays, et que Croc commandait,

*En 700 de notre ère.*

Vint enfin occuper, comme elle demandait,
Cette riche contrée, et magnifique zone.

Par toutes ses vertus, élevé sur le trône,
Croc sut rendre bientôt tranquilles ses Etats,
Policer ses sujets, sans de nouveaux combats,
Etre, avec ses voisins, en paix très profitable,
Et, de Guerrier habile, autant que redoutable,
Devint Législateur, de suite construisit
Des villes, des châteaux, en même temps qu'il fit
Des édits qui réglaient cette police active,
La sûreté de tous, la force défensive.
Il créa le commerce et les relations,
Fortune d'un pays, gloire des Nations,
Il fit, de ses Cités, une seule famille,
En tous les points unie, et dans laquelle brille
Le dévouement au prince, ainsi qu'à son Pays,
La gloire, le soutien des Citoyens unis.

---

# LIBUSSA, REINE DE BOHÊME,

## VERS L'AN 722.

Après la mort de Croc souverain de Bohème,
Sa fille Libussa reçut le diadème,
Dont le peuple et les grands lui firent les honneurs,
Tant elle avait déjà su gagner tous les cœurs.
Pour Ministres elle eut deux femmes distinguées
Et toutes ses faveurs leur furent prodiguées.
Elle fut la première à frapper à son coin
La monnaie en Bohème, au temps où le besoin
En devenait pressant. Ce fut, dans la Bohème,
Gloire pour la Princesse et, pour tous, bien extrême;
D'un côté l'on voyait l'image du soleil;
De l'autre Libussa, sur riche trône assise,
Ayant couronne en tête et, dans cet appareil,
La quenouille à ses pieds, qu'elle foule et méprise.

Depuis près de trois ans l'on se félicitait
De vivre sous les lois de cette Souveraine,
Espérant néanmoins qu'enfin elle saurait
Se choisir un époux digne de telle Reine.
Libussa rejetait les Seigneurs de sa Cour
Et semblait désirer rester seule maîtresse.
Enfin chacun venant la presser tour à tour,
De prendre le parti, dicté par la sagesse,
Celui de se donner un époux de son choix,
Qui, par là, deviendrait l'un des plus puissants Rois,
La Princesse, assemblant les Grands de la Bohême,
Déclara qu'elle allait nommer à l'instant même
Cet époux qui devait partager son pouvoir.
« Ce nom, dit Libussa, vous allez le savoir ;
« Amenez mon cheval et que, d'un pas agile,
« Dix députés choisis de suite parmi vous
« Jugent, en le suivant, unanimement tous,
« La volonté du Ciel. Un laboureur habile
« Sera trouvé par eux, prenant frugal repas,
« Sur une table en fer. Je n'hésiterai pas ;
« Ce sera mon époux, votre Prince suprême,
« Que Dieu suivant vos vœux, sauve ainsi la Bohême. »

Elle dit. Le cheval et les Ambassadeurs
Ensemble partent tous, et tels que les chasseurs
Suivent le daim aux bois dans sa course rapide,
Ils conforment leur marche à celle du cheval,
Qui prend droit le chemin de Staditz où réside
Un noble laboureur, connu de l'animal.
Il arrive et rejoint en un instant son maître.
La volonté du Ciel alors se fait connaîre :
Cet homme merveilleux, c'est le grand Prémislas*.
Vers lui les députés précipitent leurs pas,
Le proclament leur Duc, souverain de Bohème.
Epoux de Libussa, choisi par elle-même.

Comment pouvoir douter ? — Le successeur de Croc
Mangeait alors son pain déposé sur le soc
De sa forte charrue, en repos à cette heure.
C'était la table en fer. Fut-il preuve meilleure !

Prémislas tout ému, suivi des députés,
Se transporte à la Cour, à pas précipités ;
Les grands, le peuple en masse, et Libussa de même,

* Prémislas ou Przémysl. (Dictionnaire de Bouillet, page 1460. Mari de Libussa fille de Croc, page 229).

Accourent au devant du Roi de la Bohême.
Chacun rend grâce au Ciel d'un tel événement
Arrivé pour leur bien miraculeusement.
La Princesse le voit et dans ce jour de fête,
Retire sa couronne et la met sur sa tête.

Le Prince lui laissa sa juste autorité
Et sut répondre en tout au choix de son épouse,
Lui donnant les pouvoirs dont elle était jalouse.
Animés tous les deux d'extrême activité,
Ils fondèrent d'abord Prague, puis quelques villes,
Firent de grands travaux aussi nombreux qu'utiles
Et fixèrent enfin, rendant leur peuple heureux
Cette succession de Souverains nombreux
Qui pendant huit cents ans, régnèrent en Bohême.

— *Jusqu'en 1558.* —

Bien fait Reine en prenant, pour Roi, celui qu'elle [aime !

---

# AUTRE TRADITION DE BOHÊME

## SOUS LE RÈGNE DE PRÉMISLAS MARI DE LIBUSSA.

## 722 à 746.

---

Ulasta, telle était notre illustre héroïne,
Qui n'a point, de son sang, démenti l'origine,
Ne pouvant supporter les hommes, inventés,
Pour le malheur d'un sexe opprimé sans justice,
Dont elle prétendait être la protectrice,
Résolut d'asservir ces êtres détestés,
Jeunes gens, maris, vieux, hommes de toute sorte,
Contre tous les périls se trouvant assez forte.

Elle ameuta d'abord un parti très nombreux
De femmes supportant des maris dangereux ;
Elle les engagea, pour commencer la guerre,
A tuer leurs maris pour en purger la terre.
Ils avaient trop vécu déjà pour leur honneur,
Il fallait réserver pour eux supplice extrême ;
On trancherait leurs jours, tant ils faisaient horreur.

Leur sort est décidé sans peine à l'instant même
Et combien de maris sont classés dangereux.
Le nombre en est immense, en est prodigieux !
Voilà vaste complot, voilà guerre allumée.
Ulasta se prépare une vaillante armée,
Toute prête à frapper sans nul ménagement,
Semant la mort partout sous son commandement.

On choisit une nuit pour ce massacre horrible.
Chaque pauvre mari d'une femme inflexible,
Ayant reçu la mort, ces femmes en fureur,
Que rien ne peut calmer, dans leur coupable ardeur,
Rejoignent Ulasta, de sang aussi couverte,
Que rien ne contient plus, que rien ne déconcerte.
Elles marchent en chœur contre tous les parents
De ces maris défunts, nouveaux belligérants.
Ce combat est terrible et le champ de bataille
D'hommes morts est couvert, tant la fureur travaille
Le sexe féminin, chez qui l'acharnement
Grandit de plus en plus jusqu'à l'énivrement.
De tous côtés ensuite, attirant la jeunesse
Dans leur camp séducteur, elles firent mourir,
Au milieu des tourments, tous ceux qu'une faiblesse
Avait seule poussés à chercher le plaisir.

Tant d'audacieux faits, de cruautés atroces
Devaient être vengés. Prémislas réunit
Aussitôt son armée ; et ces puissantes forces
Enfin calmèrent tout ; mais cela ne finit
Qu'après dix ans de guerre et de guerre incessante,
Où périt Ulasta, l'héroïne impudente.

---

Que femmes d'aujourd'hui
Des Etats de Bohème
Pardonnent à celui,
Qui fit un tel poëme !

---

# LA POLOGNE.

# TRADITIONS ANCIENNES.

## LA POLOGNE

### VERS 600.

Le premier Chef élu des premiers Polonais
Fut, nous dit-on, Cracus, qui sut mettre la paix
Dans ce pays troublé, jusqu'alors à l'extrême,
Qui n'avait jamais eu de Chef unique même.
Son peuple fut heureux. Pour la première fois
Cracus, de la justice, organisa les lois,
Créa des tribunaux pour juger les coupables,
Et l'ordre put régner où la licence avant
Dominait sans limite et le crime souvent.
Les Seigneurs, en ce temps, devinrent raisonnables.

Cracus avait trois fils. L'aîné devait règner.
Cette succession était chose entendue.
Mais le cadet cruel, loin de se résigner,

Voyant que pour régner sa chance était perdue,
Lui ravit la couronne, en lui donnant la mort.
Il ne put conserver longtemps cette puissance,
Qu'il s'était par un meurtre attribuée à tort.
Un acte aussi barbare appelait la vengeance :
Ses sujets réunis donnèrent à sa sœur
Toute l'autorité. Venda, cette Princesse,
D'une rare beauté, brillait par sa sagesse,
Par sa grâce charmante, égale à son grand cœur,
Par sa naissance enfin. Elle fut Souveraine.

On dit que Rittiger, frappé de sa beauté,
Voulut éperdûment épouser cette Reine,
Dont il ne fut jamais, un instant écouté.
Pour venger cet affront, il déclara la guerre
Au peuple Polonais. Ses troupes, à leur tour,
Refusant tout combat, lui firent la prière
De ne les point mêler à sa cause d'amour.
Rittiger affolé de cette résistance,
Se tua de chagrin, de honteux désespoir.
A ses derniers regards, on crut apercevoir
Qu'à la Pologne allait sa douce souvenance.

Vanda, craignant, depuis, les séduisants effets
De ses charmes si grands, de ses puissants attraits,
Prit le parti funeste, autant que ridicule,
De se précipiter dans l'eau de la Vistule.

Le Poète Linant*, sur ces faits décida
Son poème tragique, intitulé Vanda.

---

* Linant, né à Louviers en 1708, mort à Paris en 1749, remporta *trois fois* le prix de poésie à l'Académie Française, en 1739, en 1741, en 1744.

# L'INDE.

# TRADITIONS ANCIENNES.

## L'INDE.

### LE ROYAUME DE GOLCONDE.

Beau sexe féminin, il existe en ce monde
Un État appelé Royaume de Golconde,
Le plus intéressant, le plus brillant de tous,
Dont je dois vous parler, puisqu'il est fait pour vous.

Ce Royaume admirable, autant qu'incomparable,
Madame, est, à vos yeux, d'un prix inestimable.
Aux mines de Golconde, on doit les diamants,
Les plus beaux, on le sait. J'ai donc bons arguments
Pour essayer ici de parler d'un Royaume
Si riche, si vanté, qui n'est point un fantôme.
Ses mines ont fourni les premiers diamants,
Il s'intéresse à vous, rendez-lui la pareille.
Prêtez à son histoire, une indulgente oreille.

La ville de Golconde*, aux bouches de l'Indus,
Près d'Haiderabad**, dans l'Inde est située ;
Et cette Royauté, d'après les nouveaux us,
Est l'Haiderabad, province instituée
Au lieu de l'ancienne et que chacun connaît
Etre cour de Golconde, encore s'il vous plaît.

Golconde était jadis la ville capitale
D'un antique Royaume appelé Télinga,
Qui, par ses diamants, de beauté spéciale,
Par l'art de les tailler, longtemps se distingua.
Mais un Arabe, un jour, eut la bonne fortune
De monter sur le trône et de le conserver :
Après lui sa famille eut, non sans guerre aucune,
Cette succession difficile à sauver.
Les Mahométans donc, gardant cette conquête***,
Jugèrent qu'en cela leur fortune était faite.
Rester les possesseurs d'un si riche pays

---

* La ville de Golconde est à 2 kil. d'Haiderabad et donne son nom à une province de l'Hindoustan qui est la même que celle d'Haiderabad.

** Haiderabad, ville fondée en 1586 à 2 kil. Est de Golconde, donne son nom à une ancienne province de l'Inde que l'on nomme aussi Province de Golconde. (*Dictionnaire de Bouillet*).

*** Au XV<sup></sup>e siécle.

Fut alors à leurs yeux un succès de grand prix
Et fiers d'une province aussi belle et féconde,
Ils firent cet Etat *Royaume de Golconde*.

Aureng-Zeyb Empereur du Mogol si puissant,
Plus que ses devanciers, étant envahissant,
S'empara* de Golconde, où la riche nature
Fit déplorer longtemps cette triste aventure.
Vers dix sept cent dix-neuf, un Gouverneur** Mogol
Se fit indépendant et seul maître du sol ;
Il régna sur Golconde. — Après, vint son fils même ;
Enfin Mizam-Aly gouverna, lui troisième ;
Mais il se reconnut*** le vassal des Anglais,
Qui, transmettant ce trône à ses fils désormais,
Leur ont jusqu'à ce jour laissé cette couronne
Que leur cœur généreux à tous ces Princes donne****.

* Aureng-Zeyb, un des plus grands Empereurs du Mogol, né en 1619, régna de 1657 à 1706. Il réunit l'Haiderabad à son Empire en 1687. *(Dictionnaire de Bouillet).*

** Tchyn-Kili Khan. Il régna jusqu'en 1748.

*** En 1800; mort en 1803. Son fils Mizza lui succéda.

**** Moyennant tribut.

La ville de Golconde est le grand entrepôt
Des diamants trouvés dans l'eau si fortunée
Du fleuve le Krichna*. — Le plus riche dépôt
De ses dons précieux se fait, chaque journée,
A Golconde, Cité, pour tous les Indiens,
De tous temps imprenable et que par nuls moyens,
Encore on ne prendrait. — Cette ville très forte,
Qu'un immense rocher très élevé supporte,
Sert de trésor au Prince et de prison d'Etat.
Les banquiers du pays, dans tous les cas d'alarmes,
Peuvent s'y retirer, sans crainte d'attentat.
Aucun Européen n'y pénètre avec armes
Et nul n'y peut entrer sans un permis donné
Par le Nizam** lui-même, et bien examiné.

---

Madame, permettez qu'ici je vous transcrive
Une tradition d'un fait qui, jusqu'à nous,
De très loin est passé. — J'aurai quoi qu'il arrive,
L'honneur encourageant d'avoir écrit pour vous.

---

* Fleuve qui traverse l'Haiderabad et qui est, de tous les cours d'eau de l'Inde, le plus riche en diamants. *(Dictionnaire de Bouillet).*

** Nizam est le titre porté aujourd'hui par le Souverain de tout pays de l'Inde soumis au protectorat des Anglais, comme Royaume tributaire. *(Dictionnaire de Bouillet).*

L'État de Télinga devint dit-on Arabe
Par suite de ce fait que je vais raconter ;
Je ne changerai rien, pas même une syllabe,
Au texte auquel ici, je dois me reporter.
Sous le règne d'Abdoul, dernier Roi de Golconde,
Qui n'avait pas de fils, un Arabe, *Abdala*,
D'une famille illustre et n'ayant dans ce monde
Nulle fortune égale à sa naissance, alla
Chercher emploi brillant à la cour de Golconde.
Abdala, bien reçu, s'éleva par degrés
Aux postes de l'Etat les plus considérés.
A sa mort, le Monarque, usant du droit d'Altesse,
Qui rendait héritiers de toute la noblesse
Les Rois de ce pays, fit saisir tous les biens
Du favori, fixa, pour son fils, faible rente
Et depuis l'oublia. Mais quand, par les liens
D'un hymen de son choix, pour sa fille charmante,
Il allait décider le sort qui lui plaisait,
Il sut que son Conseil, à ce choix s'opposait,
Voulant Abdala fils dont on vantait sans cesse
Les nobles qualités, les vertus, la sagesse.
Abdoul vit le jeune homme et fut peu satisfait.
A ce sujet il dit qu'il désirait un gendre,
D'un physique agréable, au point d'être parfait.

Les Ministres alors, au Roi vinrent prétendre
Que tout s'embellirait par l'effet d'un cadeau,
A lui fait par le Roi, de suite, avec largesse.
Relevant sa fortune, on ferait une Altesse
Remplissant tous les vœux. — Sur cet avis nouveau,
Le Roi n'objecta rien, attendit une année.
L'épreuve décisive ainsi fut ajournée.

Les banquiers de la Cour eurent l'ordre d'aller
Trouver secrètement le jeune Arabe, en voie
D'un brillant avenir ; eux ne devant parler
Des raisons motivant l'ordre qui les envoie.
Abdala ne sachant d'où lui pouvait venir
Les offres des banquiers, fit mille résistances.
Comment solder plus tard de pareilles avances ?
Enfin les financiers allant tous l'assaillir,
Il céda, reçut d'eux une belle existence
Maison, gens et chevaux, en un mot l'opulence.

Ce bien-être nouveau produisit promptement
Sur le jeune Abdala, le plus doux changement.
On le fit voir alors au Roi qui, dans sa joie,

De retrouver cet homme en si parfaite voie
Résolut d'accepter, sans débats, cette fois,
Ce gendre qu'il voulait repousser autrefois.

Un jour donc qu'Abdala, d'humeur resplendissante,
Donnait à ses amis fête très ravissante,
Il vit entrer chez lui quelques Grands de la cour,
Dont l'aspect le troubla ; mais ceux-ci, sans détour,
Lui dirent qu'ils avaient excellente nouvelle
A lui communiquer officiellement.
Et dès lors, lui mettant une robe très belle,
Ils s'inclinèrent tous respectueusement.
Ensuite l'un d'entr'eux lui donna l'assurance
Qu'il allait obtenir le plus immense honneur
Dont nul sujet n'avait jamais eu l'espérance.
Vite on le fit monter, rayonnant de bonheur,
Sur un cheval paré d'un superbe équipage,
Pour aller au palais suivant l'ordre reçu,
Se présenter au Roi, lui rendre son hommage.

Abdoul, très satisfait, dès qu'il l'eut aperçu,
Lui fit son compliment et le nomma son gendre.

Epousant la Princesse à quelque temps de là,
Cet Arabe en faveur, fut l'heureux Abdala,
Auquel Abdoul enfin trouva juste d'étendre
Le champ de ses bienfaits. Au comble du bonheur,
Pour prix de ses vertus, il fut son successeur.
C'est ainsi qu'est passé dans la famille Arabe
Ce trône si vanté, qu'Aureng-Zeyb Empereur,
Ce grand Mogol puissant, cet homme redoutable,
Lui prit longtemps après, dernier envahisseur.

---

Je me dois à présent, la tâche bien tentante,
De parler de ces feux, qu'on nomme diamants,
De ces brillants cristaux, dont l'éclat nous enchante
Et qui, des grâces, sont les plus beaux ornements.

O riche diamant, pierre si précieuse,
Œuvre tant admirable, en tout point merveilleuse,
La Nature n'a fait rien de pareil à toi.
Dans l'Univers entier, tu règnes comme Roi.
Chacun te reconnaît la chose la plus pure
La plus fine substance, et même la plus dure,
La plus brillante aussi, par ses traits lumineux
Charmant tous les humains, éblouissant leurs yeux.

Tu pèses plus que tout, même argent, or, platine.
Ton influence sert la beauté féminine
Si bien que l'opulence et les grâces des Cours
Ne sont rien si tes feux n'enchantent leurs atours.

---

# LA SYRIE.

# TRADITIONS ANCIENNES.

## LA SYRIE.

### ÉPISODE DE LA PRISE DE DAMAS

*par les Sarrasins, en 634 après J.-C.*

La ville de Damas, en six cent trente-quatre,
Contre les Sarrasins eut longtemps à combattre.
De ses murs entourée, intrépide aux combats,
Elle avait pour soutiens d'héroïques soldats.
Malgré de grands efforts et d'heureuses sorties,
Causant aux assiégeants des pertes inouïes,
La ville dut traiter de sa reddition.
Chacun des habitants, pour prix de sa vaillance,
Eut le droit de sortir et sans condition,
Avec une arme même, épée, arc, ou bien lance.
Trois jours de sûreté furent à tous promis ;
Au delà tous seraient traités en ennemis.

Le général Khaled*, barbare impitoyable,
Poursuivit les Chrétiens d'une haine implacable.
Les vaillants défenseurs de Damas aux abois,
Dès cette heure asservis sous de terribles lois,
Au milieu du tumulte et de cruels outrages,
Moururent presque tous de traitements sauvages.

Durant ce siège affreux que l'on soutint six mois,
L'amour donna naissance à la scène tragique,
Que j'aime à retracer : c'est histoire authentique.

---

* Khaled, un des principaux généraux Sarrasins.

La ville de Damas surveillée avec soins,
Par tant de Sarrasins, implacables témoins,
Avait, des assiégeants, sans cesse tout à craindre.
Nul ne pouvait entrer, nul ne pouvait sortir,
Nul n'était au repos, nul ne pouvait agir,
Sans braver des dangers qu'on ne saurait dépeindre.

Un guet de Sarrasins, au milieu d'une nuit,
Entendit un cheval hennir, avec grand bruit,
S'avançant pour sortir par la plus grande porte ;
Il attendit tranquille et rendit prisonnier,
Avecque le cheval, l'imprudent cavalier,
Qui n'avait su prévoir un signal de la sorte.
Très peu de temps après, la patrouille aperçut
Un autre cavalier, (le second du poëme),
Appelant le premier par son propre nom même,
Pour pouvoir sûrement atteindre au même but.
Alors on contraignit le premier à répondre,
Afin d'attirer l'autre et de les mieux confondre.
En Grec, celui-là donc, crie : « On a pris l'oiseau. »
Sur le champ le second, circonspect passereau,
Tourne bride et revient dans la ville au plus vite,
Se hâtant au galop de regagner son gîte.

Les Sarrasins, par là, virent très aisément
Qu'on avait prévenu celui-ci clairement.
Ils sentirent d'abord un désir de vengeance,
Voulurent, par la mort, punir cette insolence ;
Mais jugèrent enfin beaucoup plus à propos
De conduire à leur Chef le captif en repos.

« Ton nom » ? lui dit Khaled. Notre homme, à l'instant même,
Sans trouble répondit. « Je m'appelle Jonas,
« Homme de qualité, qui ne trompera pas.
« Je suis le fiancé d'une belle que j'aime,
« Et qui m'aime en retour. Grand est mon embarras ;
« Au moment arrêté pour notre mariage,
« Ses parents ont cessé d'y donner leur suffrage.
« Nous sommes convenus, à tout événement,
« De sortir de la ville alors secrètement.
« De mon malheur présent je l'ai bien avertie,
« Pour que, de telle peine, elle fût garantie.
« Envers elle je viens de remplir mon devoir,
« Je ne puis désormais vivre sans la revoir
« Et je mourrais plutôt que de la voir captive.
« Prenez ma vie à moi ; ma douleur est trop vive. »

« Sur l'heure tu mourras, oui, dit le Général.
« De ta mort, à l'instant, je donne le signal,
« Si tu n'es Musulman, en acceptant sans feinte,
« Du très haut Mahomet la religion sainte.
« Embrasse, sous ma loi, notre religion
« Et tu verras bientôt en ta possession,
« Avec mille bonheurs ton épouse chérie,
« Dès qu'ayant pris Damas, nous aurons la Syrie. »

Jonas qu'en ce moment pressait sa passion,
Accepte le parti de la soumission
Et plus ardent encor, que l'armée ennemie,
A voir prendre Damas pour revoir son amie.
Il servit de tout cœur les soldats Sarrasins,
Supposant, en cela, servir mieux ses desseins.

Lorsque Damas enfin capitula, soumise,
Et qu'aux mains de Khaled la cité fut remise,
Jonas très empressé voulut vite revoir
Celle qui maintenant serait en son pouvoir.
Bientôt il la trouva dans un saint Monastère
Pratiquant une vie aussi pure qu'austère.
Elle s'était vouée à Dieu jusqu'à la mort,

Aux Cieux restant fidèle, heureuse de son sort.
Il lui dit ses malheurs, il dit son espérance,
Puis voulut l'engager à changer d'existence,
A reprendre avec lui l'entière liberté ;
Elle était tout pour lui ; — mais il fut rejeté.
Rien ne put ébranler cette fervente sainte :
Elle le repoussa, sans proférer de plainte.

Avec son Monastère, elle quitta Damas,
Comme tous les Chrétiens firent en pareil cas.
Ils cherchaient à sauver leur vie et leur fortune,
Ne pouvant espérer de Khaled, grâce aucune.

Les trois jours de répit, donnés aux habitants,
Pour courir, au plus vite, aux lieux les plus distants,
Se trouvant écoulés, Khaled poussa de suite
Ses nombreux cavaliers à faire la poursuite
De ces fuyards tremblants, possesseurs de trésors
Vers lesquels eux devaient porter tous leurs efforts.
Après course pénible, une marche forcée,
Par chemins escarpés et sentiers des plus courts,
Les ardents cavaliers, près de Laodicée,
Atteignirent enfin ceux qui fuyaient toujours.

Ces derniers faisaient halte, après un grand orage,
Qui les avait mouillés, pour comble de malheur,
Ils séchaient leurs habits, avaient perdu courage.

Qui peindrait de sang froid cette scène d'horreur ;
Un massacre pareil et de gens sans défense,
Epuisés de fatigue, en proie à la vengeance !
Les hommes sont tués en luttant vaillamment.
Jonas retrouve là sa sainte fiancée,
Qui contre lui se bat avec acharnement,
Tombe expirante enfin, la poitrine percée,
D'une flèche qu'au cœur elle s'est enfoncée.

L'historien honore un si noble trépas !
De Jonas éperdu, je ne parlerai pas.

---

FIN DU TOME PREMIER

*Grande Imprimerie du Centre — Herbin, à Montluçon.*

www.ingramcontent.com/pod-product-compliance
Ingram Content Group UK Ltd.
Pitfield, Milton Keynes, MK11 3LW, UK
UKHW020132220726
13923UKWH00001B/132

9 782329 064697